SHO-TIME 2.0
大谷翔平 世界一への挑戦

CHALLENGE TO BE THE BEST IN THE WORLD

JEFF FLETCHER
TAKA DAIMARU

日刊スポーツ／アフロ

僕はランナーがいるときは
いつも三振を奪おうと狙っています。

USA TODAY Sports/ロイター/アフロ

AP/アフロ

AP/アフロ

AP/アフロ

できることはフィールド上で
もっているものすべてを出し切り
そうすることで、見ている人に力を与え
楽しんでもらえることですね。

USA TODAY Sports/ロイター/アフロ

ngels
17

AP/アフロ

TROUT
27

AP/アフロ

ロイター/アフロ

日刊スポーツ/アフロ

東京スポーツ/アフロ

UPI/アフロ

UPI/アフロ

東京スポーツ/アフロ

ロイター/アフロ

USA TODAY Sports/ロイター/アフロ

僕は日本代表が優勝するのを見て
いつかそこに加わりたいと願っていました。
今度は次の世代が、この大会を通じて野球を始めてほしい。
そして、もっと多くの人に野球をプレーしてほしい。
そうなれば僕は嬉しいです。

毎日新聞社/アフロ

AP/アフロ

AP/アフロ

アフロ

AP/アフロ
AP/アフロ

AP/アフロ

USA TODAY Sports/ロイター/アフロ

僕があと何年、現役選手で
いられるかはわかりませんが
だからこそ勝つことを
最優先にしているのです。

USA TODAY Sports/ロイター/アフロ

アフロ

USA TODAY Sports/ロイター/アフロ

MLB Photos / 特派員

MLB Photos / 特派員

LA
Dodgers

僕はもっと挑戦したい。
僕はこのドジャースで
さらに新しくて大きな難題に
直面するでしょうし
直面したいです。
僕はもう覚悟しています。

AP/アフロ

AP/アフロ

SHO-TIME 2.0

大谷翔平 世界一への挑戦

CHALLENGE TO BE THE BEST IN THE WORLD

JEFF FLETCHER
TAKA DAIMARU

ジェフ・フレッチャー
タカ大丸 訳

徳間書店

著者　はじめに

2年前、私が大谷翔平の書籍を執筆したとき、2021年シーズンを表すためにつけたサブタイトルは、「THE GREATEST BASEBALL SEASON EVER PLAYED（野球界史上最高のシーズン）」だった。

当時の私は、まさかそのシーズンを上回る活躍を、翌年に大谷自身がやってくれるとは思ってもいなかった。

そして、さらに2023年シーズンの活躍については、完全に想像外だった。

彼の2022年と2023年のシーズンは、2021年を超えていたといっていいだろう。

そして、その2年間のうちにアメリカの大地で、彼は野球人生最高の瞬間、つまり、2023年3月のワールド・ベースボール・クラシック（WBC）で、マイク・トラウトから三振を奪い、日本代表に優勝をもたらすという快挙を成し遂げた。

ここまでくると、もう1冊執筆するしかあるまい。

本書を手に取っているみなさんが、大谷の日本における幼少時代、日本プロ野球で活躍した時代、メジャーリーグにわたるまでの過程、そして、歴史的偉業となった2021年のMVP（最優秀選手）獲得に至るロサンゼルス・エンゼルスにおける4年間のシーズンを網羅した、私の前著『SHO-TIME 大谷翔平 メジャー120年の歴史を変えた男』（徳間書店）も読んでいただけたことを願っている。

本書は、その後についての物語である。

2年間の圧倒的な活躍、WBCでの優勝、そしていうまでもなく、2024年から始まるロサンゼルス・ドジャースとの10年総額7億ドル（約1015億円）の新記録となった契約といった、〝生きる伝説〟を追った物語だ。

ジェフ・フレッチャー

序文

ボビー・バレンタイン

多くのアメリカ人は、メジャーリーグ（ＭＬＢ）にやってくる前の大谷翔平に対して懐疑的だったが、大谷が日本にいたとき以上とまではいかなくとも、少なくとも同程度の活躍はできると確信していた。

私は選手として10年間、そして、監督としても16年間をＭＬＢで過ごし、さらに、通算7年間の日本での監督経験もある。

私が日本にいた時期、野球界で信頼できる人とのサークルをつくったが、彼ら全員が「大谷は日本のプロ野球からＭＬＢに行っても順応できる」と確信していた。

私はこの2年間、ロサンゼルス・エンゼルスのテレビ解説チームの一員として大谷を間近で観察してきたが、彼の圧倒的な才能に加え、労働倫理と適応能力にはいつも感嘆させられるばかりだった。

大谷はほかの選手との違いがあまりに際立っている。

これは驚異的なことだ。いつも仕事に献身し、集中している。いつの日か燃え尽きるにちがいないと思っている人もいるかもしれないが、今のところ燃え尽き症候群には陥っていない。

あれだけの技量のある選手が、あれだけの献身と集中を組み合わせることができるのだから、世界最高の選手ができあがるのも、ある意味で当然なことだ。

今や、彼のメジャーリーグ歴も7年目になるわけだが、今も進化を続けているのが私にはわかる。

渡米当初、彼は打席でそれまで見たことがない角度からの投球に苦慮していた。日本に身長6フィート7インチ（約2メートル）の投手など存在しないからだ。

まずは、長身投手に対応すること。そして、内角高めに豪速球を投じる投手に適応することが最初の課題だった。

打者としての第一歩は、何よりも自分自身の眼を信じること、そして、相手投手が死球をぶつけてくるのかどうかを見極めることだ。

彼はこういった性質の違う投手にも適応し、日本では見たことがない球種にも対応できるようになったのだから、これまで以上にホームランを打てない理由がなくなったといっていい。

これなら、2022年にアメリカン・リーグで62本塁打の新記録をつくったアーロン・ジャッジを超える可能性も十分にあると私は思う。

大谷が十分な数の打席数をこなし、健康状態さえよければ、いくらでもフェンス越えを果たすことができる。彼にとって、打球を450フィート（約137メートル）飛ばすことは簡単なのだ。

投手としての彼は、球種のレパートリーにツーシームを加えた。

当初は、フォーシームの速球ほど球速が出ないから「悪球」だと彼自身が思っていた節があったが、今は使える球種になっているのをわれわれ全員が認めるところだ。

私が見るところ、このツーシームを有効活用すればもっと早めにアウトをとれるようになるので、今まで以上に長いイニングを投げられるようになると思う。

彼の負傷は残念な限りだが、今までトミー・ジョン手術から回復を果たしてきた幾多の名投手たちと同じく、間違いなく投手として、それも一流投手として復活できることを私は確信している。

彼は強い。今までのすべての経験から教訓を引き出して学ぶ力があり、最初の肘の手術の経験も今回に役立てるにちがいない。

私は、彼の復帰が楽しみでならない。彼の動きを追うのは楽しいが、そこにまぐれな幸運はない。

彼がどこまで進化を遂げるのかは、誰にもわからない。彼の歩みを阻むのは、負傷だけだ。彼が選手生活の終わりを迎えるとき、間違いなく投手としても打者としても、メジャーリーグ史上有数の偉大な選手として記憶されるだろう。

ボビー・バレンタインは、1995年と2004〜2009年までの二度にわたって千葉ロッテマリーンズを監督として率い、日本シリーズ優勝も果たした。また、ゴールデンスピリット賞と正力松太郎賞を受賞している。2018年には旭日小綬章も受章した。バレンタインはテキサス・レンジャーズ、ニューヨーク・メッツ、ボストン・レッドソックスで、MLB監督として指揮して通算1186勝を挙げている。2022年からはエンゼルス放送チームのアナリストを務めている。『Valentine's Way』（邦訳『ボビー・バレンタイン自伝』東洋館出版社）を含む4冊の著書がある。

CONTENTS
目次

CONTENTS
目次

第1章

アンコール

SHO-TIME 2.0

CHALLENGE TO BE THE BEST IN THE WORLD

想像を軽々と超えていく活躍

大谷翔平は、２０２１年に圧倒的な実績を残すことで批判する者を黙らせた。しかし、同時にそれは、２０２２年シーズンに入るにあたり彼自身のハードルを上げることになった。

つまり、もう一度同じことをやらなければならなくなったということだ。

２０２１年シーズン開幕の際に、大谷が「日本のベーブ・ルース」の名に恥じない活躍ができると確信している人など、アメリカ全土のどこにも存在しなかった。

ロサンゼルス・エンゼルスの新人選手として入団した２０１８年シーズン序盤に、その片鱗を見せていたが、その後の2年半は故障と落胆の連続だった。

アメリカ人野球ファンの大部分が、大谷の可能性をあきらめたちょうどそのころ、彼は１００年以上前に存在したベーブ・ルース以来、誰一人として見たことがない圧倒的な実績を残した。

大谷は、その２０２１年にアメリカン・リーグのＭＶＰを獲得し、打者としては46本塁打を放ち、投手としても防御率３・18を記録した。

これだけの驚異的な偉業があっても、世界はつねに動き続ける。気の短いアメリカ人はとくにそうだ。人は誰しも「次の話題」に移っていく。大谷の偉業が21世紀における特筆すべきものだったとしても、ＳＮＳに没頭する人たちは、次々と目新しいものを追うようになっているというのが実態だ。

その最たる例が、すでに50年以上前に起こっている。

１９６９年に人類は月面歩行を成し遂げたが、１９７０年にはもうアメリカ人は月旅行の話題に飽きており、テレビの視聴率は急降下していた。もはや、月面への冒険は「いつものこと」に成り下がってしまったのだ。

２０２１年、大谷は言ってみれば野球界版「月面歩行」を成し遂げた。よって２０２２年シーズン開幕において、彼はある意味で「勝ち目がない戦い」を強いられたともいえる。

もしも、前年の大活躍を再現できなければ、多くのファンが批判するようになり、２０２１年の活躍はたんなるまぐれと片づけられてしまう可能性があった。

一方で、彼が再び同じように活躍したとしても、ファンは肩をすくめて、「また前年と同じことの繰り返しだな」

それで終わらせる可能性もある。

とするならば、大谷がこの苦しい戦いに勝てる唯一の術は、前年以上の成績を残すことだけだった。これこそ大谷が自身に課した目標だった。

２０２１年ワールドシリーズの最中に、大谷はＭＬＢコミッショナーから特別表彰を受けたが、そこで２０２２年の見通しについて語っている。

「今年できたことを来年も繰り返せる自信はあります。毎日、試合に出て数字を積み重ねていけば、少なくとも今年と同じくらいの成績は残せるかなと思います」

日本で応じた別のインタビューでも、大谷は、

「今年の成績は最低限の基準だと思っています」

と言い放った。大谷がこのような強気の言葉を繰り返してから間もなく、彼は自身にはどうしようもない、もう１つの大きな難題に直面することになった。

野球界全体が稼働停止しようとしていたのだ。

メジャーの歴史を変える「大谷ルール」

2021年、大谷はベースボール全体の顔となり、メジャーリーグでもっとも愛され、顔を知られる選手となった。ベースボールはファンにとって情熱を注ぐことができる楽しみではあるが、一方で、何百億ドル単位のマネーが動く巨大ビジネスという側面ももっている。

MLB選手たちは、1960年代にさらなる自由とよりよい金銭的報酬を求めて選手組合を結成した。選手たちとオーナーたちは、1968年に初のCBA（労働協約）を結んだ。それ以来、両者は5年に一度をめどに、協約の更新を進めていった。1970年代、80年代、90年代を通じて双方は何度か意見の相違が発生し、就労拒否に発展したことがある。

1981年、シーズン最中に選手たちは、51日間にわたるストライキを決行した。1994年には、選手たちは8月からストライキに入り、双方の対立が長引いた結果、ついにはワールドシリーズが中止となってしまった。ワールドシリーズ消滅は、野球ファンにとって最悪の事態であり、多くのファンが野球そのものに対して背を向ける結果となった。選手とオーナー双方は、これによりストライキによって得るものよりも、失うもののほうがはるかに多いことを痛感させられた。

その後の約20年間は、双方とも友好的な関係を続けられたが、対立の根は奥深いところで広がっていた。

このＣＢＡが２０２１年12月に失効すると、選手組合とオーナー側の間に横たわる意見の相違があまりにも大きく、片方が活動停止をちらつかせないと到底合意に至りそうになかった。そこで、オーナー側がロックアウトを仕掛けた。

12月1日（日本時間2日）から、いかなる選手も合意に至るまでは契約更新もトレードもできないというものだ。この時期はどのようなかたちでも、選手たちは球団職員や関係者と接触してはならないことになった。

そのためエンゼルスは、大谷の専属通訳である水原一平を、ロックアウト中はいったん解雇しなければならなくなった。そもそも水原は大谷と話すことすら禁じられてしまったからだ。

もちろん、これは形式上の話で、エンゼルスはロックアウトが終結したらすぐに水原を再雇用することになっていたが、それでもオーナー側と選手側との対立がいかに深刻か、この件だけでも浮き彫りとなった。

結局、ロックアウトは99日間に及んだ。終結ののち、大谷個人に大きな影響をもたらすいくつかの変更が導入された。

まず、改訂されたCBAに明記されたのは、ナショナル・リーグに指名打者（DH）制を導入することだった。

もともとDH制は、1973年にアメリカン・リーグに取り入れられたが、ナショナルリーグは投手にも打席に立たせ続けた（新型コロナウイルスのパンデミック（世界的大流行）で短縮された2020年シーズンにおいては、投手の負傷を防ぐために両リーグともDH制を採用した。だが、2021年シーズンにおいて、ナショナル・リーグは再び投手を打席に立たせる方向に回帰した）。

つまり、2021年シーズンにおいては、ナショナル・リーグの本拠地球場で、大谷が投手として登板した際には、エンゼルスは大きなアドバンテージを得ていたことになる。エンゼルスが、大谷を打線に加えることができる一方で、ナショナル・リーグの対戦チームは、通常ではほとんど打てない投手が打席に立たなければならなかったからだ。2022年以降、投手は原則としていっさい打席には立たないことになった。ナショナル・リーグがＤＨ制を導入すること、それはつまり、フリーエージェント（ＦＡ）の際に大谷の選択肢が2倍に増えることを意味する。

２０１８年シーズンの前に大谷が初めてメジャー入りした際には、ナショナル・リーグにＤＨ制がなかった。そのため、投手として登板しないときは外野かどこかを守らなければならず、選択肢にはなりにくかったのだ。

２０２２年のＤＨ制拡大のおかげで、もはや、大谷はその点を考慮する必要がなくなった。大谷の才能をフル活用できるチームが増えたことにより、彼の価値はさらに高まった。つまり、エンゼルスが大谷をトレードで放出する場合、行き先がより多くなり、かつ見返りとしてさらに多くの選手を獲得できることになる。

そして、大谷が次の契約に向けて交渉する際には、今までより多くの球団が入札に参加するわけで、必然的に年俸も以前より高くなる。

さらに、ＤＨ制のルール自体も２０２２年シーズンの前に変更された。

この変更によりエンゼルスと大谷は、ナショナル・リーグのチームと対戦するときだけでなく、毎試合でこの恩恵を享受できるようになった。

元来のＤＨ制では、一度守備についた選手がＤＨに移ったり、逆に先発ＤＨが守備についたりすることは許されなかった。

もしもエンゼルスが、大谷が投手として登板した日に打席にも立たせたいと希望したならば、その一試合まるまるＤＨそのものを放棄するしかなかった。

つまり、いざ大谷が降板したら、彼は打者としても試合から外れなければならないということだ。そして、大谷のあとに登板する救援投手は打順に加わらなければならず、エンゼルスは毎回救援投手に打順が回ってくるたびに、代打の選手を用意しなければならないわけだ。

もしも、エンゼルスが大谷を降板後にまだ打席にも立たせたいと望むなら、1イニングか2イニングか大谷を外野にまわし、その代わりに下げた外野手の打順に救援投手を加える作業が必要になる。

こんなもろもろの作業は、エンゼルスにとっては面倒以外の何ものでもない。打者としての大谷を外したいわけがなく、外野を守らせて負傷リスクを高めるのも嫌に決まっている。ＭＬＢ機構側も、これがいいとは考えていなかったことが判明した。

ファンは大谷が試合で躍動するのを見るためにお金を払っているわけで、投手として降板し、打席が1回か2回で終わってしまうことなど誰も望んでいなかった。

FAを想定した大谷シフト

2022年のロックアウト終了後まもなく、MLBはこの〝大谷ルール〟と名づけられることになる新規則を導入した。

新DH制は、もしも選手がDH兼先発投手として出場する際には、1人の選手を2人の選手として試合出場しているかのように扱うことになった。

今や、大谷は投手として何イニング投げたかにかかわらず、指名打者としてそのまま試合出場できるようになった。このルールは、ほかのチームにはいっさい恩恵をもたらさないが、MLBは少しでも長く大谷の圧倒的な才能を出し続けたいと、このルールをつくり上げたのだ。

「これは、われわれにとって大きな朗報だよ」

ジョー・マドン監督（当時）はこう明言した。

「このルールで恩恵を受けるのは実質、彼一人だけだ。われわれの視点からすると、あれだけの実績を残す男は、それくらいの特別扱いを受けて当然だと思うけどね」

大谷ルールは、エンゼルスが新しいCBAから享受した多くのメリットのなかの一つでしかなかった。

もう1つ大きかったのが、プレーオフ枠の拡大で、現行の30チーム中10チームの進出から12チームがポストシーズンに進出できるようになったことだ。

2021年シーズン終了の時点で、エンゼルスは大谷がメジャーに在籍した4年間すべてを含む7年連続でプレーオフ進出を逃したことになる。

2021年シーズン、最後の2カ月はプレーオフ進出がどんどん遠のいていき、せっかく大谷が衝撃的な快進撃を続けているのに、納得がいかない日々が続いた。

実際、シーズン最終盤に大谷が登板したあと、彼自身が記者団に対し、負け続けの現状に対する落胆を口にしたこともあった。

「僕は本当にこのチームが好きなんです」

そう大谷は切り出した。

「ファンのみなさんも大好きです。チームの雰囲気も気に入っていますが、やっぱり僕は勝ちたい。いちばん大切なのはそこなんです」

この言葉は、冬のオフの間ずっとチーム全体の課題となった。

つまり、もしも本気でエンゼルスが勝ちたいのならば、2023年シーズン終了後にフリーエージェント（ＦＡ）となる大谷を引きとめるためにも、周りの選手を補強しなければならないという課題がチームに突きつけられたのだ。

２０２１年のエンゼルスにとって、最大の課題は明らかに投手陣不足だった。

そこでロックアウトが始まる直前に、エンゼルスは右腕先発投手のノア・シンダーガードと左腕中継ぎ投手のアーロン・ループを獲得した。シンダーガードは、数年間にわたる故障との戦いが始まる前は、球界屈指の先発投手だった。ループは、ニューヨーク・メッツで防御率０・95という圧倒的な成績でシーズンを終えたばかりだった。

ロックアウト終結後、エンゼルスはさらに右腕投手のライアン・テペラとアーチー・ブラッドリーを獲得した。２人とも救援投手として、長年にわたり確かな実績を積み重ねていた。こういった補強の動きは、間違いなく投手陣強化を目指すものだった。

ただし、エンゼルスがこれ以上するものがあるとするならば、それは元来のエース投手がさらに勝ち星を上積みすることだった。つまりそれは、大谷翔平の活躍だ。

第２章

マウンドでの好調

SHO-TIME 2.0

CHALLENGE TO BE THE BEST IN THE WORLD

好調を維持して迎えた2022年の開幕

2022年のスプリングトレーニング、大谷翔平は初の試合で答えを出してみせた。カンザスシティ・ロイヤルズと対戦したが、大谷は50球を投じたなかで、5奪三振と無四球を記録した。甘く入ったスライダーで連続安打を許した結果、1失点は喫したが、逆にいうとそれだけだった。

大谷は試合後に、スライダーの改善が必要であることは認めた――その後、このスライダーはさらに新しい名前を与えられる球種に進化していった――が、全体として大谷は順調で強気だった。

「最初の先発で、状態はよかったと思いますよ」

2021年はマウンドで圧倒的な存在だったために忘れられがちだが、大谷はスプリングトレーニングからシーズン開幕後1カ月間にかけては、まだコントロールが定まっていなかった。

シーズン中にメカニクスに改良を加えたが、2022年のスプリングトレーニング初登板で見せた姿は、前シーズン終盤につかんだコツをそのまま維持していることを知らしめた。マックス・スタッシ捕手も好調を認めた。

「全部の球種がよくなっているね。昨年以上とまではいわないけど、同じくらい好調だよ。調子も体調もよさそうで何よりだね」

大谷が好調のまま春を迎えられたのは何よりだった。開幕に向けて、何かを変更するだけの時間がなかったからだ。

ロックアウトは3月10日まで終わらず、スプリングトレーニングは3月13日まで始まらなかった。つまり、普段より約１カ月遅れで予定が進むということだ。

レギュラーシーズン開幕は、１週間延期になっただけだったので、本来ならば選手たちに与えられる準備期間は６週間あるが、３週間しかなかったということになる。

大谷は４月７日に行われる開幕戦のヒューストン・アストロズ戦まで、もう１回だけ登板した。

大谷の投球は80球までに制限された――つまり、普段より20球から30球少ない――が、これはスプリングトレーニングそのものが短縮されたためだった。

この登板でも順調な仕上がりを見せ、４回２／３で９奪三振を記録した。

数字が示す止まらない進化

1回に、大谷の速球は97〜99マイル（約156〜159キロ）を記録したが、これこそ彼が投手として進化を遂げた一つの証拠だった。

2021年の開幕戦、大谷は1イニング目に100マイル（約161キロ）の豪速球を投じて観る者すべてを驚かせたが、その後はほとんど100マイルを超えることはなかった。

2回以降の球速は、だいたい94〜95マイル（約151〜153キロ）の間くらいであり、おそらくは試合後半や、本当に大切な場面で空振りを奪うために力をためているように見えた。

アストロズとの開幕戦を終えて、「今シーズンは昨年より球速を高めるのか？」と問われ、大谷は控えめにこう答えた。

「シーズンは長いですから、今後どれくらい疲れが襲ってくるかわかりません。それでもできる限りのことはしたいなと思います」

大谷は、それでもシーズンをとおしてやってくれた。平均球速は2021年の96マイル（約154キロ）から、2022年には97マイル（約156キロ）に伸びていた。2021年に100マイルを超えたのは11球だったが、2022年には40球も投げたのだ。

そのうちの22球は得点圏に走者を置いた場面でのことで、つまり、大谷は必要なときにギアを上げる力があることを示していた。また、彼のほかの球種を見ても軒並み球速が上がっていた。

この開幕戦でもう一つ浮き彫りになったのが、エンゼルスにとって〝大谷ルール〟がいかに大きな意味をもつものかということだった。

投手としての大谷は5回で降板したが、その後もさらに二度打席に立つことになった。8回にはあわや同点本塁打かという大飛球を打ち上げ、満員の観客を興奮させたが、惜しくも届かずフェンス直前で捕球された。

数週間後、再びアストロズ戦――前年のアメリカン・リーグ王者――で大谷は大暴れした。

エンゼルスは1回表に早くも6点を奪った。大谷自身がまず四球で出塁し、その後、タイムリー二塁打で2打点を叩き出した。彼のユニフォームは1回裏にマウンドへ上がる前に、すでにスライディングでついた土で黒くなっていた。

そこから、投手として自身のキャリアのなかでも屈指の好投を見せた。6回まで完全試合のペースで進んだのだ。6イニング無失点で、被安打わずか1だった。投げようと思えばもう少し投げられたはずだったが、スプリングトレーニング短期化の影響もあり、投球数81で降板した。大谷は12奪三振で与四球1だった。

「今晩のショウヘイは絶好調だったね」

ジョー・マドン監督も上機嫌だった。

「圧倒的なパフォーマンスだった。登板当初から、明らかに状態がよかった。そして、投球も見た目と同じくらいよかったよ」

大谷自身、試合後に、この試合は自身のメジャー生活のなかでも「おそらくは最高の登板」だったと語っている。

この2つあとの登板で、彼はさらにこの上をいくパフォーマンスを見せた。

舞台はボストンのフェンウェイ・パーク。かつてベーブ・ルースが1918年と翌19年に二刀流選手として活躍した伝説の地で、大谷は初めて投げることになった。

その試合、大谷は7イニングを投げて1点も許さず、11奪三振無四球だった。被安打こそ6で、ヒューストンのときより5本多かったものの、試合においてはヒューストン以上に圧倒的だった。

大谷はレッドソックス打線を相手に29球の見逃しストライクをとり、この記録は、２０２３年シーズン終了までを見ても最高の数字である。また、この試合で投じた99球のうち約82%がストライクで、これも２０２３年末までのなかで最高の数値だった。

5回には、大谷は先頭打者のサンデル・ボガーツ遊撃手に二塁打を許したが、そこからフライでアウトを一つとったあと、オールスターゲーム出場歴もあるトレバー・ストーリーとラファエル・デバースから連続三振を奪った。

デバースから三振を奪った1球は、２０２２年初となる１００マイル超えだった。

「僕はランナーがいるときはいつも三振を奪おうと狙っていますから」

そう大谷は振り返った。スタッシ捕手は、いざというときにギアを上げることができる大谷の能力をこう賞賛した。

「必要なときに、偉大な打者を相手に、思うがままに三振を奪うことができる」

ヒューストンとボストンでの圧倒的なパフォーマンスがとくに称賛されるべきなのは、強力打線を誇るチームを相手に、しかも、打者に有利な球場でそれをやってのけた点だ。

「大試合でこそ力を発揮するピッチャーなんだよ」

スタッシはそう切り出すと、続けてこう言った。

「大舞台に出たい、試合で力を発揮したいというのが大谷なんだよ。相手はここ数年、圧倒的な力を誇る2チーム（アストロズとレッドソックス）だったからね。これだけで、大谷の力とマインドセットが雄弁に語られていると思うよ」

さらに付け加えると、ボストンで投げた大谷は、試合数日前から股関節の痛みに悩まされていた。前夜の試合では、延長戦にもつれ込み、長時間の試合を戦っていたうえ、ボストン独特の低気温も重なっていた。

以上のすべてが、大谷にとって問題をもたらしかねないものだったが、結局、何も問題にはならなかった。

マドン監督は、彼のパフォーマンスを、「かなり特別なものだった」と高く評価した。

４年間で初めてチームがかみ合う

エンゼルスのマット・ワイズ投手コーチ（当時）は、シーズン序盤のうちに、大谷は２０２１年よりもさらに優れた投手になったと明言していた。

「誰の目にも明らかだけど、彼はもともと、すごく、すごく天性に恵まれたアスリートなんだ。ベースボールの扱い方というのかな。昨年でいえば、89マイル（約１４３キロ）から１０１マイル（約１６３キロ）までの速球を投げ分けたうえで、ストライクゾーンの中の位置も含めて正確に投じていた。そんなことは、普通ではないんだよ。今まで多くの才能に恵まれた男たちが、同じように努力を重ね、同じような緊張感をもって挑んできたけど、ショウヘイは別次元でベースボールを操り、今まで私が見てきたどんな投手よりも巧みに操ることができるんだ」

一方、打席における大谷は、２０２１年ほどの目覚ましい活躍ができていなかった。４月終わりの時点で、打率・２４７、４本塁打だった。５月には、打率・２５０の７本塁打と少し上昇し、うち１本は自身初となる満塁本塁打だった。とはいえ、打者としての大谷の低調ぶりに懸念を示す人は皆無だった。マウンド上では好調だったし、チーム全体としても、大谷加入後の4年間で最高の結果が出ていたからだ。

新人左腕投手のリード・デトマーズは、5月10日にノーヒッターを達成した。2021年シーズンの大部分を負傷で棒に振ったエンゼルスの二大強打者であるマイク・トラウトとアンソニー・レンドンは、打棒が好調で、連日、先発出場を続けていた。クローザーのライセル・イグレシアスは、好成績を残した前シーズン後に4年5800万ドル（約84億円）でエンゼルスと再契約し（2022年8月に、トレードによりアトランタ・ブレーブスに移籍）、防御率も2・13で、最初の8試合の登板で連続セーブを記録した。


5月24日に勝った時点で、エンゼルスは27勝17敗だった。大谷のメジャー加入後に、勝率が5割を超えて貯金が10できたのは、これが初めてだった。

エンゼルスは、アメリカン・リーグ西地区で1ゲーム差で首位アストロズを追いかける状況だったが、地区優勝を十分狙える位置につけていることは確かだった。

大谷は2022年シーズンに前シーズンを超えると約束し、エンゼルスも彼の周りを固めて勝てるチームづくりを進めようとしていた。シーズンの4分の1を消化した時点では、すべてが予定どおりに見えた。だが、この状態は長続きしなかった。

第3章

瓦解と光明

SHO-TIME 2.0

CHALLENGE TO BE THE BEST IN THE WORLD

名将の解任

当時は誰一人として気づいていなかったが、エンゼルスの2022年シーズンは、皮肉にも、劇的な勝利のなかで瓦解が始まっていた。

5月8日に、三塁手のアンソニー・レンドンがワシントン・ナショナルズ戦の延長10回に決勝安打を放った。

しかし、レンドンは5月26日のブルージェイズ戦で手首を痛めていた。そのあと5月28日に負障者リストに入るまでは、ケガを抱えたまま試合出場を続けた。そして、6月14日のドジャース戦で復帰したが5回で交代し、再び故障を悪化させることになり、結局は手術をしなければならなくなってしまう。

同時期に、テイラー・ウォードも負傷した。ウォードは開幕直後に快進撃を続け、打率・370に加えてOPSに至っては1・194に達していた。一番打者として素晴らしい輝きを見せ、マイク・トラウトと大谷翔平の前に打って出塁していた。

だが、5月20日に右翼守備についた際に、ウォードは大飛球を捕ろうとして外野フェンスに激突してしまった。その直後は大きな痛みもなく、負傷者リストに入る必要はなさそうだった。そのため、数日間だけ休養して再び先発に戻ったが、激突した肩にうまく力が入らず、ウォードは3カ月にわたり絶不調に陥った。

トラウトもキャリア史上最悪のスランプに陥っていた。5月29日以来、26打席無安打という惨憺たるありさまである。大谷も同時期に30打席4安打とふるわなかった。また、大谷はこの時期、マウンドで投手として最悪の試合を招いてしまう。

6月2日、ニューヨークで行われたヤンキース戦、ダブルヘッダーの第1戦のことだった。大谷は被安打8を許し、うち3本は本塁打で、わずか4回途中で4失点を献上することになった。この試合の大谷には「球種のクセ」が出ていて、ヤンキース打線に対して、無意識のうちに次の球種が何かを知らせてしまっているという説がささやかれた。

こういったもろもろすべてが重なり――ウォードとレンドンの負傷、そしてトラウトと大谷の絶不調――が重なり、14連敗という泥沼にはまってしまった。これはエンゼルスの球団史上、最悪の連敗記録である。史上最長連敗のなかでも最悪だったのが、11連敗目にあたる、6月5日にフィラデルフィアで行われたフィリーズ戦だった。

エンゼルスは5回終了の時点で5－0とリードしており、8回裏の時点でもまだ6

－2とリードしていた。しかしフィリーズは、ブライス・ハーパーがクローザーのイグレシアスから満塁本塁打を放ち、同点に追いついた。

9回表にエンゼルスが1点を取って再びリードしたが、9回裏にフィリーズのブライソン・ストットが、ジミー・ハーゲットからスリーランホームランを放ち、逆転サヨナラ勝ちを許してしまったのである。

この惨劇の直後、クラブハウスは沈黙に支配されていた。その沈黙を破ったのは、ユニフォーム姿のままシャワーに入ったイグレシアスの叫び声だった。

こうしたエンゼルスの悪夢の日々を終わらせたのは、やはり、大谷翔平である。6月9日、大谷は先発投手として7イニングを1失点に抑え、打者としてもツーランホームランを放ち、エンゼルスは5－2でレッドソックスを下した。

「ここまで苦しい思いをして乗り越えてきたのは、当然、僕だけではないのですが」

そう大谷が切り出した。

「チーム全体が苦しんでいました。僕自身、本当は何度か先発投手として連敗を止める機会があったのですが、達成できませんでした。今日は連敗を止められることができて嬉しいです」

だが、この勝利はジョー・マドン監督の職を維持するには遅すぎた。マドンは、これまで約40年間にわたりプロ野球のコーチや監督として活躍し、2021年の圧倒的な大谷のシーズンを実現するうえで、大きな役割を果たしたことは間違いない。マドンとゼネラルマネージャー（GM）のペリー・ミナシアンは、大谷に好きなようにやらせるという英断をくだし、その結果、大谷翔平は野球史上最高のシーズンを生み出すことができたのだ。

12連敗のあとに、残念ながらマドン監督は解任された。フィル・ネビンが三塁コーチから暫定監督に昇格し、大谷がエンゼルス入団後の5シーズンで、マイク・ソーシアからブラッド・オースマス、そしてマドンと続いたあとの4人目の監督となった。

もっとも、大谷がこの大変化について大きな不安を覚えることはなさそうだった。ネビンは前任のマドンと同じように、大谷を起用すればいいということを十分に承知していたからだ。

新監督は熱血漢

フィル・ネビンは、エンゼルス監督就任によって1つの金字塔を打ち立てたことになる。選手としてドラフト会議全体1位で指名され、かつメジャーの監督に就任した初の人物になったからだ。

ネビンは南カリフォルニアで育ち、エンゼルスタジアムからわずか10マイル（約16キロ）北に位置する、カリフォルニア州立大学フラートン校でスター三塁手として名を馳せた。そして、1992年のドラフトにおいてヒューストン・アストロズが全体1位で指名した。

もっとも、メジャー昇格までは多少の時間を要した。アストロズからデトロイト・タイガース、そしてエンゼルスを経てサンディエゴ・パドレスと転々とし、そこでやっとメジャーデビューを果たすことができた選手だ。

2001年に、ネビンは41本塁打を放ち、オールスターゲームへの出場も果たした。パドレスには7年間所属したが、終盤になるとユーティリティプレイヤーとしての起用が増えていく。

言い換えると、ベンチで過ごす時間が長く、監督のブルース・ボウチーを間近で観察できる機会に恵まれていたということだ。

当時のボウチーは、監督としてはまだ駆け出しの時期だったが、その後も長くメジャーで監督を務め、サンフランシスコ・ジャイアンツで三度、そしてテキサス・レンジャーズで一度、ワールドシリーズ制覇を成し遂げることになる。

「あいつ（ネビン）はいつも注意深く観察していて、試合展開をよく読んでいたよ」

ボウチーが当時を振り返った。

「つねに対戦相手の監督や私が、なぜこの場面でこの手を打つのかという問題意識をもってよく聞いてきた。純粋にゲームを愛しているんだな。監督業への意欲、情熱の炎、そういったものはずっと長く秘めていたよ」

この「情熱の炎」のせいで、ネビンは何度か選手時代にトラブルに陥った。冷静さを失い、しょっちゅう審判にかみつき、退場処分を受けている。

ネビンの選手時代は2006年までで終わりを告げたが、再び現場に戻りたい、そして今度は監督をやりたいという思いが強かった。しかし、まずやらなければならないのは感情の制御だ。ネビンは、マイナーリーグの最高峰であるトリプルAで6年間、監督を務めた。それからボウチーは、彼にジャイアンツの三塁コーチの機会を提供し、ここでネビンは感情が昔より安定していることを証明した。

それから数年間、ヤンキースの三塁コーチを務めたあとにエンゼルス入りするが、マドン監督解任により加入後わずか2カ月で、彼にとって悲願だった初のメジャー監督就任が実現することになったのだ。

エンゼルスの暫定監督就任から数週間たったとき、ネビンはまだまだ血の気の多さが残っていることを証明してみせる。

シアトル・マリナーズの右腕投手、エリック・スワンソンが、6月25日の試合で9回にトラウトの頭の近くに危険球を投じ、しかも、エンゼルスは敗戦した。

この翌日、ネビンはアンドリュー・ワンツという右腕投手を先発投手に指名した。これはつまり、ワンツは1回か2回だけを投げ、そのあと中継ぎ投手が4イニングか5イニング登板するという意味だ。

ワンツは早速1回に、マリナーズのフリオ・ロドリゲス外野手の背後を通す1球を投じた。2回には、ジェシー・ウィンカーに死球をぶつけた。これが前夜のトラウトに対する危険球への報復であることは、球場にいた誰もがわかっていた。

その直後、両チームの選手たちがフィールド内になだれ込み、パンチの応酬となった。審判が試合再開を宣告するまで、18分の時間を要した。この翌日、ＭＬＢ機構は12人の関係者に処分をくだし、ネビン暫定監督も10試合の出場停止となった。ＭＬＢ機構が、ネビンが首謀者だと確信しているのは明らかだった。

ネビンの出場停止により、エンゼルスはさらなる苦境に陥った。オールスター休暇までの9試合中8試合を落とし、オールスターゲーム直後の7試合中6試合をさらに落としてしまったのである。

残念ながらこの時期までに、エンゼルスのシーズンが終わったのは明白だった。残されたファンの関心事は、大谷がどこまでやれるのかだけになってしまった。

魔法の決め球と超人的活躍という光明

大谷翔平がメジャー入りしたころ、彼のいちばんの決め球はスプリットだった。しかし、２０２２年半ばごろには、さらに新しい球種を使っていた。

大谷はよくスライダーを投じていたが、この球種に新たな改良を加え、メジャー投手が投じる球種のなかでも最高級のできに仕上げていた。

「スイーパー」という単語が世間に広まるには、2023年まで待たなければならなかったが、過去の大谷の投球をあらためて解析すると、もうすでにこの球種を投じていたことがよくわかるのだ。

過去数十年にわたり、球界を席捲した変化球の二大巨頭のブレーキングボール（変化球）といえば、スライダーとカーブだった。

スライダーのほうが球が速く、投手の腕とは反対側の低めに落ちていく。投手がこの2種類の混合を投じるときには、「スラーブ」と呼ばれることが多かった。さらにスライダーの進化形として、曲がり幅が大きい球種の「スイーパー」が登場する。

2022年に、それまでスライダーを投じていた投手が続々とスイーパーを投じるようになり、この潮流の最先端に大谷が立っていた。

2021年シーズン中盤に、大谷の全投球のうち、スイーパーが占める比率は20％以下だったが、後半になるとその比率を上げていった。2022年の開幕直後にはこの比率が30％に達し、7月までにはさらに40％まで上がっている。

7月6日のマイアミで、大谷は投球数100のうち47球をスイーパーに費やした。

マーリンズ打線はこのうち22球に対してスイングし、うち半分は空振りに終わった。結局、打線はこの新球種に対して1本もヒットを打てなかった。

次の先発登板は、7月13日のヒューストン・アストロズ戦だったが、大谷はスイーパーを50球投じ、アストロズ打線はうち56％を空振りしてしまった。

その試合から6試合の先発で、大谷は防御率0・45、投球イニング39回2／3で58奪三振という圧倒的な成果を出した。この時点で、大谷は自身の防御率を2・38にまで下げている。シーズン終幕までに、大谷は983球のスイーパーを投じ、この数はメジャー全投手のなかでも最多だった。

ちなみに、2番目にスイーパーの投球が多かったのが、ボルチモア・オリオールズのジョーダン・ライルズの716である。そして、大谷のスイーパーに対する被打率は・165だった。

この球種について特筆すべきは、球速を維持したまま――もちろん普段のスライダーには至らないが――大きな変化を含めて操れているということだ。

通常、高速の球の変化は小さくなるものだ。2022年に50球以上のスイーパーを投じた投手のなかで、大谷は平均球速で5位、そして縦の変化の大きさでも6位に入った。

大谷のスイーパーが最高潮の注目を集めるようになったのが、この翌年に開催されたWBCだった。

2023年初頭にこの球種の進化について問われたが、大谷は球種や戦略について多くは語らないというういつもどおりの姿勢を貫き通した。

「僕は日本にいたころからずっとスイーパーも投げていましたよ」

そう大谷は語った。

「つねづね曲がりが小さいスライダーと大きいスライダーを投げ分けていました。それが最近、スイーパーと呼ばれるようになっただけですよ」

大谷はスイーパーのおかげで、自身の投手としての最高傑作の一つを生み出すことができた。

6月22日のカンザスシティ・ロイヤルズ戦で、大谷は13奪三振を記録したうえに8イニングを無失点で乗り切った。そして前日には、1試合2本のスリーランホームランも放っている。2本目は9回裏の同点弾だった。ネビン監督はこう話した。

「超人的の一言だね。ショウヘイがフィールド上で躍動しているのを毎日見られて、その一部として関われているだけで楽しいし、幸せだよ」

第４章

２人の天才

SHO-TIME 2.0
CHALLENGE TO BE THE BEST IN THE WORLD

2回目のオールスターゲーム

大谷翔平の活躍の目新しさは、2021年から2022年にかけて低下していったが、ファンの間における人気はまったく衰えることがなかった。

この圧倒的な人気ぶりは、オールスターゲーム出場選手の選考過程で誰の目にも明らかだった。

ファンはオールスターゲームの先発選手を誰にするかを投票するが、アメリカン・リーグの指名打者候補は、大谷とヒューストン・アストロズのヨルダン・アルバレスだった。

投票は2段階に分かれている。第1ラウンドでは各チーム1人ずつ挙がった候補から選び、第2ラウンドで、ファンは再び第1ラウンドで残った上位2人のうち1人を選ぶことになる。

この第1ラウンドにおいて、大谷はアルバレスに1位の座を譲り2位で終わった。だが、最終の第2ラウンドに入り、大谷は逆転勝ちした。

最終発表の時点で、大谷は打率・257の18本塁打でOPSは0・833だった。

一方で、アルバレスは打率・３１２の26本塁打でＯＰＳも１・０７６に達していた。数字だけで判断すれば大谷は勝てないが、ファンは彼の姿を見たいと望んでいた。大谷はマウンド上ではさらに好調で、投手として選ばれるのは確実だった。

しかし、大谷は最終的に、オールスターゲームでは登板しないという決断を下した。これはエンゼルスの後半戦のために自身を温存しておきたいという理由からで、もしもファンが彼を指名打者として選出しなければ、そもそもオールスターゲームにはまったく出場しない恐れが十分にあった。

それでも投手としていざ選出されると、彼は前年に自らつくりだした偉大な歴史を繰り返す可能性が生じた。

それまでに、オールスターゲームで、投手と野手の両方で同時選出された選手は１人もいなかったのだ。

だが今回の大谷は明らかに1年前のデンバーでやったように、無理をしてまでも出場する必要性はなかった。

あのときの大谷は、試合前日のホームラン競争にも出場し、そのうえで先発投手兼指名打者として出場した。彼はこの2日間で明らかに疲労困憊になることは事前にわかっていたが、「ファンが望むから出場した」とのちに認めた。

ロサンゼルスにあるドジャー・スタジアムで、2022年の大谷は、前回とは違う態度を見せた。

周囲からの熱望はあったが、ホームラン競争への出場は辞退した。今回も先発投手として選ばれる可能性はあった。オールスター休暇に入る時点で、9勝4敗の防御率2・38という成績を残していた。

もしも彼が指名打者として先発出場し、その後、救援投手として登板するとすれば、いつもの準備のルーティーンを行うことが著しく困難となる。

その点を配慮すると、数字上はタンパベイ・レイズの左腕投手シェーン・マクラナハンが上回っていた（10勝3敗、防御率1・71）としても、MLB機構が大谷を先発投手に選出しようとするのは当然といえよう。

マクラナハンは比較的無名の投手で、大谷は世界的スターなのだ。そしてつまるところ、オールスターゲームとは、多くの視聴者をひきつけるエキシビジョンマッチである。

だが、大谷は、オールスターゲームでの登板をいっさい辞退した。登板したら、その後の数日間の予定が狂い、エンゼルスのためにできることが限定されてしまう恐れがあったからだ。

大谷は自らの試合出場を指名打者のみに限定したことにより、過密スケジュールから解放され、比較的リラックスした2日間を過ごすことができた。

「昨年は初出場でしたから緊張していましたけど、今回は2回目ですから前回よりは楽しめていると思いますね」

そう大谷は語った。彼は全世界から集まった記者団に囲まれたテーブルにつき、約30分間、オールスターゲーム前日の規定どおりに質疑に応じた。オールスターゲームの出場選手は全員、このメディア対応の義務があり、それぞれが立ち話をしたり、記者たちが順々に押し寄せるテーブルについて質問に対応したりする。

その際に、１人の記者が、「アメリカのみんなが、あなたを愛しているという事実をどう感じているか」と聞いた。大谷の返答はこうだった。

「本当にアメリカの全員が僕のことを愛してくれているのかどうかはわかりませんが、できることは、フィールド上でもっているものすべてを出し切り、そうすることで、見ている人たちに力を与え、楽しんでもらうことですね。楽しんでもらうことが、いちばんです」

それから、間もなくやってくる野球人生の岐路について多くの記者たちから聞かれることになった。

大谷は翌2023年シーズン終了後にFAとなるが、本シーズン半分を過ぎたところでエンゼルスは再び負け越していた。

大谷は2021年の終わりに、勝てないチームに対しての不満を口にしたことがあり、彼はエンゼルスとの契約更新に応じたくないのではないかという見方が球界全体に広まっていた。

もしもそうなら、エンゼルスが大谷をトレード期限前に放出するのではないか、ということは、これから3週間以内に何らかの動きがあるのではないかと、多くの人たちが色めき立っていた。

「正直なところ、僕の将来に関しては自分自身で決められる範疇を超えています。とくに、これからの数週間はそうですね」

と大谷は答えた。そして、こう続けた。

「すべてはGM（ペリー・ミナシアン）次第ですから。この点に関しては、僕から言えることはほとんどないです。チーム全体を見れば、いい選手がそろっていると思います。勝てる顔ぶれがそろっていると思います。ただ、チーム全体としては不調で勢いが得られていないのが現実です。もっと勝てるといいのですが」

勝てないチームの2人の天才

このとき、エンゼルスが直面していた最大の問題は、マイク・トラウトが背筋を痛めて戦列を離れていることだった。トラウトはオールスターゲーム直前の１週間をほとんど棒に振り、いつ復帰できるかも不明だった。トラウトは大谷が座る席から約50ヤード（45メートルほど）離れたテーブルで、記者団の取材に応じた。

この２人の明暗は、はっきり分かれていた。

トラウトは、それまでの選手生活の大半で、オールスターゲームの取材においてもっとも多くの記者団をひきつける存在だった。だが今回は、大谷が数十人の記者に囲まれる一方で、トラウトを囲む記者は数人だけだった。

記者が質問を投げかける前に、トラウト側から発表があった。２０２３年開催のW

BCに出場すると明言したのだ。チームアメリカに参加すると公式発表したのは、トラウトが初めてだった。

これまでは伝統的に、WBCはアメリカ人選手にとって、他国の代表選手ほど重要な大会とはみなされていなかった。

他国からは錚々たるスター選手たちが軒並み出場するのに――当然、誰もが大谷が日本代表として参戦することを期待していた――多くのアメリカ人選手たちは、この大会をシーズン前の準備を邪魔する存在としか見ていなかった。

トラウト自身、2013年と2017年の大会前までには、世界有数の野球選手として地位を確立していたが、どちらも出場を辞退した。

だが、2022年夏までに、トラウトはもう31歳になろうとしており、数々のケガと戦っていた。

おそらく自身の衰えが間近に迫っているのを痛感していて、全盛期のうちにWBCのような大会に出場できる機会を逃したくなくなったのだろう。そして、彼もまた大谷と同じく、勝てないエンゼルスの現状に不満があったことも間違いないだろう。

トラウトがエンゼルスでメジャー昇格して以来、プレーオフ進出を果たしたのはわずかに一度、2014年だけなのだ。

「興奮しているよ」

トラウトはWBC出場宣言についてこう続けた。

「これは大事なことなんだよ。僕自身、初出場の機会を逃しているから、今回は逃すわけにはいかないと思うんだ」

2人のトラウト

マイク・トラウトの父、ジェフ・トラウトは、東海岸にあるデラウェア州立大学でスイッチヒッターの二塁手としてならしていた。

とはいえ、有望な大学の野球選手というのは、カリフォルニアとか、フロリダとか、テキサスといった温暖な地域の大型大学がほとんどで、彼の大学は名門チームとまではいかない存在だった。

また、彼の体型は5フィート8インチ（約173センチメートル）、体重175ポンド（約79キログラム）で、そもそもアスリートとしては恵まれたほうではなかった。

それでもミネソタ・ツインズは、1983年のドラフト5巡目で指名することになった。大学1年で打率が・519という考えられない数字だったからだ。

1年後、彼はダブルAに昇格していた。メジャーまであと2段階というレベルのマイナーリーグだ。しかし、ここが彼の野球人生における最高到達点だった。

ジェフはメジャー昇格の夢をあきらめる代わりに教師となった。

ツインズのマイナーではチームメイトに一塁手兼外野手のグレッグ・モーハートという男がいた。

ジェフが野球を断念したあとも、モーハートはさらに2年間野球を続け、デトロイト・タイガースの下部組織に移籍したが、同じくメジャー昇格を果たすことはできなかった。だが、モーハートは球界に残り、スカウトとして働き続けた。

2008年春、ニュージャージー州にいる筋骨隆々とした若手外野手の噂を聞いたとき、モーハートはコネティカット州で暮らし、エンゼルスのスカウトとして活動していた。

この外野手の名前が、耳慣れない「トラウト」だと知ったとき、モーハートはふとマイナーリーグ時代のチームメイトの親戚か何かなのだろうかと考えた。親戚も何もない、あのジェフ・トラウトの息子、マイクだったのだ。

モーハートはマイク・トラウトの視察に行き、16歳の少年に兼ね備わっていた強靭さとスピードに驚嘆した。

「強靭な少年はいるし、俊敏な少年もいるよ。でも、この2つを兼ね備えている少年はほとんどいないんだ」

何年も経ってから、あらためてモーハートが振り返った。

「本当にごく稀な存在だよ」

モーハートはマイナー時代に、バリー・ボンズとかマーク・マグワイアといったメジャーリーグでスーパースターになる男たち——歴史上二大ホームラン王といってもいい巨頭——と対戦したことがあり、すぐさまマイク・トラウトは、この男たちに比肩する才能を秘めた存在だと見抜いた。

モーハートは、父親との関係のおかげで、すぐにマイクと信頼関係を築くことができた。それから、毎年夏にニューヨークのヤンキースタジアムで行われるサマーリーグにマイクを招待した。マイクはまだ10代の少年だったが、メジャーリーガー用のスタジアムでフェンス越えのホームランを連発した。

「何本かスイングしただけで、この若造がまったく別格な存在だとわかったよ」

モーハートが懐かしそうに振り返る。モーハートはぜひ上司にも報告しなければと考え、エンゼルスのスカウトディレクターだったエディ・ベインも彼の視察に呼び寄せた。

しかし、モーハートはマイク・トラウトに注目が集まりすぎないよう慎重に動いていた。おそらく他チームは、彼の潜在能力に気づいていないだろうと考えたからだ。父親のジェフ・トラウトが大学野球で輝いていたころから約20年がたち、メジャーリーグ関係者は軒並みアメリカ北東部の選手に対して懐疑的な目を向けるようになっていた。

というのも、この地域は寒冷気候のため、1年を通して野球に集中するということができないからだ。必然的にこの地域の選手たちは、1年12カ月、ずっと野球ができる選手たちより遅れをとることになる。また、東海岸の選手たちは、こなせる試合数自体が少ないため、スカウトたちの目にとまる機会も少なくなる。

エンゼルスは、ほかのチームがマイク・トラウトに目をつけていないことを知り喜んでいた。そして、2009年ドラフトで指名順位が後半だったため、もしもマイク・

トラウトを獲得したいなら、ほかの21チームに彼を見逃してもらう必要があった。あるとき、エンゼルスがどれほどマイク・トラウト獲得を熱望しているのかを知らせるために、モーハートが冗談半分で彼の父親に言ったことがあった。

「もう今シーズンの残りで、マイクには1本もヒットを打ってほしくないな」

モーハートとしては、マイク・トラウトがほかのチームの関心をひきつけるようなことは何もしてほしくなかったのだ。

結局、エンゼルスは指名することができた。そして、わずか数年間のうちに、彼を見逃した21球団は見る目のなさを悔いることになった。

「トラウトはもともと俊敏だったけど、野球選手としての成長は誰もが想像できないくらい早かったよ」

ドラフトで6番目に指名権があったサンフランシスコ・ジャイアンツのスカウティングディレクター、ジョン・バーがそう語った。

「関係者全員、あの日を振り返って、『チクショウ、もっとリストの上位にあの男を入れておけば』と思っているはずだよ」

無欲な男の輝かしい実績と知名度

マイク・トラウトは、20歳の誕生日直前の２０１１年に、メジャー昇格を果たした。最初のシーズンこそ苦戦したが、２０１２年には一気にスター街道を駆け上っていった。２０１２年には、打率・３２６で30本塁打、そして49盗塁を記録して新人王に輝き、ＭＶＰ投票でも堂々の2位に入った。

メジャーリーグ史上、新人選手が30本塁打と40盗塁を同時に達成するのはトラウトが初めてだった。

トラウトは、この２０１２年にオールスターゲーム出場を果たし、その後、毎年の恒例行事となった。初出場以降、毎シーズンオールスターゲームの先発出場選手に選出され、うち3年間はケガでプレーできないにもかかわらず選ばれ続けた。

トラウトは２０１２年と２０１３年にＭＶＰ投票で2位に終わったが、２０１４年に壁を突破し、ついにＭＶＰに選ばれた。２０１５年に再び2位になったが、２０１6年にはもう一度ＭＶＰに輝いた。ＭＶＰ投票において5シーズン連続で1位か2位に入り続けたのは、トラウトとボンズだけだ。

２０１７年のＭＶＰ投票では4位だった――ケガのため、シーズンの4分の１を欠場した――が、２０１８年には再び2位に入り、２０１９年には三度目となるＭＶＰに輝いた。

トラウトが史上有数の野球選手としての名を確実にしていくにしたがい、逆に、彼の野球人生で欠けているものに注目が集まるようになってしまう。

それは、トラウトが加わってからエンゼルスが何一つ達成していないというものだ。２０１４年に、地区優勝はしたものの、プレーオフでカンザスシティ・ロイヤルズに3連敗を食らってしまう。エンゼルスは翌２０１５年にもいい位置につけたが、プレーオフ出場を1ゲーム差で逃した。その後、トラウトを抱えながらエンゼルスは一度もポストシーズンに駒を進めていない。

エンゼルスは10月にはシーズンが終わってしまうことが常態となり、しかも、トラウト自身がそれほど名声を求めていないこともあって、スポーツ界全体として、ＭＬＢがトラウトの偉大さをきちんと資本化できていないという不満が膨らむばかりだった。

ＮＢＡ（ナショナル・バスケットボール・アソシエーション）やＮＦＬ（ナショナ

ル・フットボール・リーグ）のスター選手たちは、普段、スポーツに関心がない人でも知っている。一方のトラウトは、野球界の外ではほとんど無名のままだった。

2018年のオールスターゲームにおいて、MLBコミッショナーのロブ・マンフレッドは、トラウトをもっと有名人にするために、組織の長として何ができるのかと問われた。

マンフレッドは、「すべてはトラウト次第だ」と返答した。

もしも、彼がほんの少ししかコマーシャルに出演しなかったり、スポンサー契約をして全米の大型広告看板を飾る代わりに自由時間を家族と過ごしたり、静かに趣味の狩猟や釣りに費やしたりすることを望むのであれば、MLBとして強制できることは何もないと言明した。

「マイクは、本当の意味で偉大な選手であり、人間としても素晴らしい男だが、人生のなかでやりたいこと、そして、やりたくないことを自ら決めており、自由時間に何をしたいのか、したくないのかも明確に線引きしている」

そうマンフレッドは語った。

「これ以上は、彼次第としか言いようがない。もしも広告宣伝の分野でもっと積極的に関わってくれるなら、われわれとしてできることはたくさんあるし、彼のブランドをどこまでも大きく拡大することはできる。しかし、本人にその決断をしてもらう必要があるし、そうするには時間も労力もかかると思う」

マンフレッドの発言はトラウトに対して批判的にもとれるため、一部で物議をかもした。しかし、エンゼルス側は笑い、肩をすくめ、いつもの業務に戻っただけだった。球団にとっては、彼が球場外でのスター性に欠けていることは、何の問題もなかったのだ。

トラウトは自身の選手生活についても、所属チームについても、何も変えるつもりはなさそうだった。

２０１９年シーズンの開幕が近づいたとき、一部でトラウトが負け続けるエンゼルスからの退団を望んでいるのではないか、という憶測が流れた。

トレードを志願して、東海岸の実家に近いチーム、たとえば、ニューヨーク・ヤンキースや子どものころに応援していたフィラデルフィア・フィリーズに移籍することも可能だっただろう。あの当時のトラウトは、２０１４年にサインした6年1億４４５０万ドルの契約が、2年残っている状況だった。

だが、2019年3月に、トラウトは12年4億2650万ドルでエンゼルスと再契約し、野球界全体を驚かせた。この記録は、4年後に大谷翔平がロサンゼルス・ドジャースと10年7億ドルの契約を交わすまで、メジャーリーグ史上最高額だった。

再契約が発表された日、トラウトは、「将来は明るいと信じたから、エンゼルス残留を望んだ」と語っている。

また、エンゼルスの下部組織は、2016年にメジャー球団のなかで最低レベルだと評価されたばかりだったが、数年後にはよくなる兆候があると目されていた。

「マイナーリーグを見渡すと、有望株が何人かいる。よくなりそうな投手とかね」

トラウトはそう口にした。

「あと何人かフリーエージェントの選手と契約していけば、チームは毎年よくなっていくと思うんだ……。われわれは何度も浮き沈みを経験したけれど、将来は明るいと思う。何としても、このチームで優勝したいんだ」

ちょうどそのころ、トラウトは2人のスーパースター選手――マニー・マチャド三塁手とブライス・ハーパー外野手――が、冬の移籍市場でFAとなり、何カ月も所属球団が決まらない状況を見ていた。結局、この2人の契約はスプリングトレーニング開始後までまとまらなかった。

「マニーとブライスの苦境を見ていたら、これは自分にとっての危険信号だと思ったね」

そういったもろもろすべてを超えた理由として、トラウトはずっと大谷とともにプレーすることを望んでいた。

トラウトは、エンゼルスが大谷獲得を目指したときに力を貸していた。2017年12月にチーム関係者が大谷と面談したときには、自分の結婚式の準備を中断してまで彼とのフェイスタイムでのやりとりに応じていた。

トラウトはエンゼルスでプレーすることがどれほど楽しいものかを大谷に説き、いかに環境が快適なのかを熱弁した。この数日後、大谷はエンゼルスタジアムで行われた記者会見の席で、チームとの「つながり」を感じたのが球団選定の理由だと語った。

大谷がスーパースターに成長していくにしたがい、トラウトは、大谷が浴びるスポットライトの重圧を理解できる唯一のチームメイトになっていった。

大谷は自身が全世界で愛される野球選手であるにもかかわらず、可能な限り自分だけの時間をもつようにしていた。

トラウトによると、大谷はクラブハウスにいるときは普通のチームメイトのように振る舞い、冗談も飛ばすし、仲間たちとゲームをすることもあるという。

「あいつはいつもクラブハウスで冗談ばかり言っているよ。飛行機移動のときは、だいたいマンガを読んでいることが多いかな。『クラッシュ・ロワイヤル』とか、ビデオゲームも好きだよ。べつにあいつと話すときにかしこまる必要なんかない。いつでも近づいていって話しかけることができる。野球に集中するために、いろいろなことをしているけれど、クラブハウスでは十分にくつろいでいるし、チームメイトともいい関係を築いているよ」

トラウトが大谷のチームメイトとしての日々を謳歌していることは確かだった。だが、2022年オールスターゲームの前日に、彼がWBCにアメリカ代表として出場すると宣言したのは、つまり、トラウトが大谷とどこかで敵として対戦することになることを意味していた。

まさにこれこそが、全世界の野球関係者全員が見たいと熱望している場面だったが、その前に2人にはやらなければならない仕事が山積みだった。

憧れの左腕との対戦

前年のオールスターゲーム初出場のときと違い、ピッチングの心配をしなくてよいので、大谷翔平は明らかにくつろいでいるように見えた。

先攻のアメリカン・リーグ先頭打者として、大谷はドジャースの大エースであるクレイトン・カーショーと対戦した。

カーショーは大谷より6歳年長で、将来、殿堂入りが確実視されている大谷が、長年憧れてきた左投手だった。カーショーは2017年にドジャースが大谷を勧誘したときに、面談に加わった1人だった。

「カーショーは僕の高校時代から最高の投手の1人でしたから」

大谷はカーショーについてこう語った。

「あれだけの長期間、第一線で投げ続けているのは素晴らしいことだと思います。そんな偉大な投手が、ドジャースタジアムでのオールスター戦に出るのは特別な瞬間だと思いますので、僕もこの瞬間を楽しみたいと思います」

大谷がネクストバッターズサークルに控えているときに、アナウンサーのトム・ベルドゥーチがインタビューを試み、カーショーにどう対峙するのかを聞いた。

「First pitch, First swing（1球目で、振りぬくこと）」

大谷は完璧な英語で応じた。

「That's it.（それだけです）」

大谷の言葉は嘘ではなかった。

外角にきた91マイル（約146キロ）の速球の初球に対してスイングし、バットを折られたのだ。それでも打球はセンター前に落ちた。前年の大谷はオールスターゲームで無安打だったので、この1打には大きな意味があった。

「あいつはフェンス越えはしなかったから、オレの勝ちだよ」

こうカーショーが語った。大谷はホームランを目指してもう1打席立つことに合意した。今度はフラフラの単打に終わるつもりはなかった。

「僕としては、ホームランか空振りかのどちらかにしたかったんですよ」

大谷はのちに振り返った。

「なんか中途半端な結果で、僕もすっきりしていないですね」

一塁にいた大谷は、さらに喜べない結果となった。カーショーは一塁に牽制球を投じたが、べつに大谷の盗塁を警戒していたわけではなく、次の強打者であるヤンキースのアーロン・ジャッジに何を投げるか考えるための時間稼ぎだった。だが、大谷は完全に無警戒で、この牽制球で一塁に戻れずアウトになってしまった。

「まったく予期していませんでしたから」

バツが悪そうに、大谷はこう振り返った。

大谷は再び3回表に打席に立ち、サンディエゴ・パドレスの右腕投手ジョー・マスグローブと対戦、そして四球を選んだ。今回は牽制で刺されることもなかったが、一塁に釘付けのままだった。これで彼にとってのオールスターゲームは終わった。

試合前半のうちにお役御免になった選手たちは、軒並み試合終了前からメディアの取材に応じるものなので、大谷と通訳の水原一平は、すぐにビジター用クラブハウス近くの古いロッカールームに移動し、数十人の記者団に囲まれていた。

大谷はこの日の経験を一言にまとめた。

「昨年よりはリラックスできましたね」

第5章

MVPの行方

SHO-TIME
2.0
CHALLENGE TO BE THE BEST
IN THE WORLD

シーズン途中でのトレード話の背景

オールスター休暇後の初戦となるアトランタ・ブレーブス戦で、大谷翔平は先発登板した。オールスターゲームでの投手としての登板を辞退したのも、まさにこの試合のためだった。

大谷は、エンゼルスがプレーオフ争いに再び加わるためにできることは何でもやる覚悟だったが、それも空しい努力となってしまった。

エンゼルスは、マイク・トラウトとアンソニー・レンドンの両方を負傷で欠いた。さらに、テイラー・ウォードも5月に起こったフェンス衝突の後遺症で肩の動きが悪くなり、極度の不振に喘いでいた。

エンゼルスはオールスター休暇までに39勝53敗で、開幕直後の絶好調期を過ぎるとオールスターゲーム後は12勝36敗と苦戦していた。

そして、7月終わりごろまでには、エンゼルスにおける最大の関心事は大谷をトレードで放出するかどうかになっていた。

シーズン半ばのトレードは、往々にしてシーズン終了後にＦＡとなる選手が絡むことになる。チームがもはやプレーオフ進出の見込みが現実的ではない状態になり、翌シーズンにいなくなる可能性が高い選手の場合、交換可能になる。

そういう選手をトレードで獲得したチームは、その選手を数カ月間だけ――あわよくばワールドシリーズまで――保有することになるが、そのときにだいたい1人か2人のマイナーリーグ選手を代わりに差し出す。

しかし、大谷の場合は、2023年シーズン後までは、FAの資格が得られない。よって、もしもエンゼルスが彼を2022年7月の時点で放出したとしたら、彼の新所属チームは1年半保有できることになり、その間に二度のワールドシリーズを狙える計算だ。

この時間軸と、大谷の投手と打者としての両方の能力を考えると、もしもエンゼルスが大谷を放出すれば、その見返りとして5人か6人の有望なマイナーリーガーを獲得できてもおかしくない。

メジャーリーグのファン全体、およびアナリストの多くが、エンゼルスは大谷を放出すべきだという意見だった。

当時のエンゼルスは不調の真っ只中にあり、多くの人は2023年も見通しは暗いだろうと予想していて、それならば大谷を放出して有望な若手を何人も獲得したほうがマシではないかという論調だった。

実際にGMのペリー・ミナシアンは、複数の球団から大谷獲得の打診を受けており、いくつかのトレードのシナリオをオーナーのアルテ・モレノに提示したようだ。

だが、そこで大谷放出の議論は打ち切りとなった。

モレノは、大谷放出は絶対にまかりならぬとミナシアンに言い渡した。トレード最終期限の8月2日が過ぎて、大谷がエンゼルスに残留することが確定すると、チームはファーム組織の充実化を図る絶好機を逃したと、あらためて強い非難を浴びることになった。

エンゼルス球団全体から見ると、ことはそれほど単純ではなかった。

まず第一に、2022年7月の時点で、2023年シーズンをあきらめるべきではないということだった。チームの若手投手、具体的には左腕のパトリック・サンドバルとリード・デトマーズが2022年は快調であり、この2人が2023年に投手陣の中核になりそうな予兆があった。ケガさえしなければ、2人が2023年にはもっと活躍してくれるという期待がもてた。

　また、エンゼルスがそのときに大谷を残した最大の理由と思われる事情が、この３週間後に明らかとなった。

　モレノが、チームを売りに出すと発表したのだ。モレノは２００３年以来球団を保有しているが、売却の可能性を発表したのは多くの人たちにとってサプライズだった。モレノの渋いカネの使い方が近年の低迷の原因だと不満がたまっていたエンゼルスファンは、軒並みこの一報を歓迎した。

　モレノは売却の詳細についてコメントすることはなかったが、これからチームを売ろうとするときに、チーム最大の資産ともいえる大谷を放出するわけがなかった。モレノとしては、新しいオーナーに大谷を放出するか引きとめるかを決めさせたかったのだろう。そこには当然、２０２３年以降の契約更新も含まれることになる。

　チーム売却の一報により、大谷の将来がいったん宙に浮くことになった。最高の展開としては、５～６カ月のうちに新オーナーが決まって承認され、大谷の処遇に関する最終決定が２０２３年の1月か2月まで延びて、ＦＡになる最終年のシーズン開幕前に見通しが立つことだった。

　そして、もしもそれ以上に事態が延びることになると、もはやＦＡになる前に、エンゼルスが大谷を引きとめる術はほぼなくなるということだ。

当然、大谷としてはオーナーの交代について何か言えるはずもない。周囲の関心と質問は、彼の不確定な将来に集中するわけだが、そのなかでも可能な限り最高のシーズンを過ごすために全力を尽くすことが、そのときの彼にとって唯一できることだった。

対戦相手の球種を得る

エンゼルスがニューヨークに遠征した6月上旬のことだった。大谷翔平は打席に立ち、ヤンキースの右の豪腕救援投手、クレイ・ホームズと対戦した。ホームズは大谷に対し、2球の100マイル（約161キロ）のツーシームの速球を投げ、大谷はこの球を自身の記憶に焼きつけた。

速球は、投手の球の握り方によって2種類に分かれている。基本、指を4本の縫い目にかけるか、2本の縫い目にかけるかだ。

フォーシームだと球は直線の軌道をたどるが、スピンがかかっているため、打者から見るとボールが浮き上がってくるような錯覚に陥る。実際のところ、この球は予測より下がり幅が小さいというだけのことだ。

一方で、ツーシームの速球は、投手の腕の側に大きく変化してくる。右腕投手の場合、ボールは投手の右側、あるいは右打者の方向にえぐるように入っていく。

こういう球の変化のことを「ラン」という。ボールがこの反対方向に曲がる場合、「カット」と呼ばれる。つまり、カットボールとは右打者から見て外側に曲がる速球なのだが、投手の指の使い方とスピンのかけ方により、フォーシームやツーシームほどの球速は出ない。よって、軌道変化のある変化球の一種とされている。

大谷がホームズの投じるツーシームを体感したとき、これは自身の球種に入っていないものだと悟った。

大谷は、直線の軌道をたどるフォーシームの速球を投げ込んでいた。自身のスライダーとカットボールはどちらも自身から見て左側に曲がっていくもので、カーブとスプリットはどちらも真下に落とす球種だ。

自身の右側に曲がっていく球種が加わったらどうだろう、しかも、ホームズが投じるのと同じくらいの球速も出せたら、と大谷は考えるようになり、この球種の練習を始めた。

7月、大谷は試合で初めてツーシームの速球を投じた。7月6日にマイアミで先発登板したときは1球だけだったが、その後、ブルペンでさらに練習を続けた。

8月、彼はもうこの球種を試合で使える段階にまで仕上げていた。そして、9月までには、彼の新しいツーシームの速球は「エリート級」にまで仕上がっている、と捕手のマックス・スタッシに言わしめた。

普通、投手がこんなに短期間で新しい球種を習得することはありえない、とスタッシは言う。

「どんな投手でも、新しい球種を身につけるには数年かかるものだよ。ショウヘイの手の使い方とスピンのかけ方は、文字どおり、この世の話とは思えないよ」

大谷は、この新球種を自身のフォーシームとほぼ同じ速度で投じることができ、しかも、極端な曲げ方も心得ていた。

シーズン終了までに、大谷は50球以上のツーシームとフォーシームの速球をそれぞれ投げ、両方とも平均球速が97マイル(約156キロ)を超えている。その記録を残したわずか11人の投手の1人だった。そして、その球速で最低16インチ(約41センチ)

以上変化するツーシームの速球を投げられる、わずか10人の投手のなかの1人にもなっていた。

新球種としてツーシームの速球が加わったことにより、大谷は投手としてさらに大きく一歩前進した。

ここ数年の間、ときどき見られていたコントロールの乱調もなくなり、また、マウンドから離れなければならないような大きなケガもしていなかった。本来の球速が出ないときですら、彼はうまく適応して最高のピッチングにできることをあらためて証明してみせた。

9月29日にオークランド・アスレチックスと対戦し、先発した大谷の最初の2球は、それぞれ普段の平均球速を大きく下回る94マイル（約151キロ）の速球だった。

「正直に言って、速球に関しては走っていなかったですね」

大谷自身、そうあとで振り返っている。そこで彼は、普段のフォーシームとツーシームの速球を自ら捨て、ひたすらスイーパーで勝負した。

それでも毎イニング毎イニング、彼はアスレチックスの打線を圧倒した。アスレチックス打線は8回2アウトまで1本の安打も打てず、これは大谷の選手生活のなかでも最長の無安打記録だった。

最終的に、大谷は被安打2、与四球1、10奪三振で締めくくった。

「今シーズンのなかでも最高のできだったんじゃないかな」

捕手のスタッシはこう振り返った。

「スイーパーが冴えわたっていたからね。かなりの数を投げ込んでいたし。とにかく、すごかったよ」

この試合が大谷にとっては最後から2番目の登板だったが、防御率は2・35まで向上し、打席でも34本塁打を放っていた。

大谷は自身の2022年の活躍は、全員一致でMVPに選出された2021年を上回っていると総括した。

本来ならば、2022年も彼がMVPに輝くべきだったが、歴史を塗り替えている男が1人だけその前に立ちはだかった。

アメリカ待望のホームラン王

アーロン・ジャッジは、2016年にニューヨーク・ヤンキースで新人選手として
メジャーデビューを飾り、その直後からスター選手だった。
2年目の2017年に52本塁打でリーグのホームラン王となり、史上2人目となる
ルーキーイヤーの50本塁打を達成した。
当然、ジャッジは新人王に選ばれ、MVP投票でも2位に食い込んだ。その後も、
頼りがいのある中軸打者として活躍を続けたが、ケガのせいで新人王の1年目ほどの
輝きは取り戻せずにいた。
だが、2022年のジャッジは、1年を通じてコンディションを維持し、夏には本
塁打の量産で野球界全体をざわつかせる。
4月終わりの時点でわずか6本塁打だったが、5月に12本を量産すると、6月には
11本、そして7月には13本も打ちまくった。そのうち7月に行われた14連戦で一気に
12本の量産態勢に入り、7月終わりまでには42本塁打を放ったのだ。
その時点でジャッジには、アメリカン・リーグ最多のシーズン61本塁打の記録を破

る可能性が出てきた。新記録となれば、1961年のロジャー・マリス（ヤンキース）以来となる。

ホームラン記録は、アメリカのプロスポーツのなかでもっとも注目されるものだが、その際にいくつかの注釈が必要となる。

ベーブ・ルースは、1927年に60本塁打を放ち、マリスが破るまでは最高記録であり続けた。マリスが破ってからは、彼が数十年間最高の位置を占めた。

だが、1990年代後半から多くの選手たちが違法ステロイドに手を出し始めたことにより、ベースボールが大きく変質していく。

MLB機構の関係者、メディアおよびファンは薬物の蔓延を黙認し、選手たちは薬物のおかげでさらに強くなる一方で、フェンス越えの本塁打の数が激増するようになったのだ。

1998年に、セントルイス・カージナルスのマーク・マグワイアと、シカゴ・カブスのサミー・ソーサが同時にマリスの記録を破った。マグワイアは最終的に70本塁打を放ち、ソーサも66本打った。

この翌年、ソーサは再び64本打った。そして2001年に、ソーサが64本打つ一方で、サンフランシスコ・ジャイアンツのバリー・ボンズが73本塁打を放った。

このころになると、さすがに多くの関係者が新規則の導入が必要だと考えるようになっていた。2002年には、選手とチームがステロイドの蔓延を防ぐために動き始め、新規則や薬物検出のための尿検査を導入するようになった。

その後、何年もかけて検査や規律が定着し、野球の正常化が進んだ。そのおかげというべきか、ホームランも60本どころか、50本でも打てる選手が稀になっていった。

多くのファンは、マリスの神聖な記録を破ったのがステロイド常習者の3人の選手――マグワイア、ソーサ、ボンズ――だったことに釈然としない思いを抱いていた。

だからこそ、2022年にクリーンなジャッジが62本打てる位置につけたときは、ファンは軒並みこの「正統な」新記録を歓迎したのだ。

今のところMLB機構は、マグワイア、ソーサ、ボンズの業績を公式記録から削除する動きはしていないが、偶然にもというべきか、3人ともナショナル・リーグ所属だったため、アメリカン・リーグの本塁打記録はステロイドにより汚されていない。

ジャッジが8月と9月にも本塁打の量産を続けると、多くの人たちがその業績は大谷の功績よりも大きいと考えるようになっていく。

大谷のMVP得票が伸び悩んだもう一つの要素は、投票する記者たちの配置——アメリカンリーグの各本拠地である15都市から2人ずつ——によるところが大きく、「価値がある」という言葉をチームの成功と結びつけるきらいがあることだった。

本当の意味で「価値がある」存在になるためには、と記者たちは論じるわけだが、選手のパフォーマンスがチームの勝利につながらなければならないというのである。

ヤンキースはプレーオフ進出に向けて順調に歩を進めていたが、大谷とエンゼルスは地区4位に沈み、7月以降プレーオフ進出争いから完全に脱落していた。

また、大谷はある意味で自身の大成功による被害者ともいえた。

2021年、現代に生きる人が誰ひとり見たことも聞いたこともない大偉業、すなわち、二刀流選手として1シーズンを通して務め上げたのだ。

そういった目新しさは2022年には消え去っており、むしろ、アメリカの野球ファンの多くは、ジャッジによるマリスの61本超えに熱中し、大谷のやっているのは、表面的には前年と同じことを繰り返しているだけのように見えてしまっていた。

ＭＶＰ獲得の定義

２０２２年シーズンが終わってみると、ジャッジは62本のホームランを放ち、打率も・３１１で１３１打点を記録し、ＯＰＳに至っては１・１１１を記録した。アメリカン・リーグで本塁打と打点の二冠王に輝き、三冠王にもあと一歩だった。

首位打者の座は、ミネソタ・ツインズのルイス・アラエス内野手が打率・３１６の僅差で獲得した。要は、ジャッジがメジャーリーグ史上有数の最強打者だったということだ。

打者としての大谷は、たしかにジャッジと比べて大きく見劣っていた。打率・２７３の34本塁打で、ＯＰＳも・８７５だった。もちろん、大谷支持者としては、この打者としての差については、投手としての業績で埋め合わせしたと主張することはできるだろう。投手・大谷は、15勝９敗の防御率２・33で、１６６投球回で２１９奪三振も記録していた。各リーグ最高の投手に贈られるサイ・ヤング賞投票でも、４位に食い込んでいる。

ＭＶＰ投票で、大谷はジャッジに次ぐ2位だった。ロサンゼルスの記者２人が大谷に投票したが、ほかの28人は全員ジャッジを選んだのだ。

「私も9月末まで、どちらを選ぶかずっと揺れていたよ」

そう説明するのは、MVP投票権をもつスポーツ専門ニュースサイト「ジ・アスレチック」でボルチモア・オリオールズを担当するダン・コナリー記者だ。

「大谷はたしかに、われわれが今までの人生で見たこともない偉業を成し遂げている。だが、それを言うなら、アメリカン・リーグの62本塁打だって誰も見たことがない。ジャッジが新記録の達成間近になり、三冠王も見えてきたとき、私はジャッジを選ぼうとしたが、大谷のことも考えた。ずっとこの2人が私のなかで拮抗していたよ。だけど、ジャッジが新記録を達成したとき、迷いがなくなったんだ」

同じくMVP投票権を有する「タンパベイ・タイムズ」でタンパベイ・レイズを担当するマーク・トプキンも、似たような感覚だった。

「大谷は再び偉大なことをやってくれた。今まで誰も見たことがないような素晴らしいシーズンをあらためて再現してくれた。ほかの年なら、間違いなく彼がMVPだよ。だが、今年のジャッジは歴史的偉業を成し遂げていて、しかも、チームをポストシーズンに導いているからね」

私の同業者たちがジャッジに投票する理由は十分に理解できるが、私なら大谷に１票を入れただろう（２０２２年の私は新人王に投票することになっており、ＭＶＰの投票権はなかった）。

理由としては第一に、私がＭＶＰ投票においてチームの成績に重きを置いていないからだ。そもそも最優秀選手賞とは個人を表彰するもので、チームを表彰するものではないので、チームメイトの働きにより１人の選手を評価するのは不公平だと思っている。だから、私はヤンキースが好調だからという理由で、ジャッジに加点するつもりはなく、エンゼルスが不振だからといって、大谷の評点を下げるつもりもない。

私は各選手の個人成績によってのみ、ＭＶＰは選出されるべきだと思う。

そして、私個人の意見として、大谷の数字はよくなっていた。彼は投手と同時に打者でもあるからだ。つまり、大谷は基本的に２人の選手である。ジャッジのほうが優れた打者のうえ外野を守る分だけ、ＤＨとして打つだけの大谷より評価されるのはわかるが、大谷は投手としてそれ以上の貢献をしているのだ。

もしも、どこかのチームが新戦力としてジャッジか大谷かどちらかを加えたいなら、おそらく大谷を選ぶだろう。彼は２人分の活躍をしてくれる選手なのだから。

第６章

WBCでの輝き

WBC誕生の歴史

バド・セリグは、1998年から2015年まで、MLBコミッショナーを務めた人物だが、長年にわたり、野球界でもサッカーのワールドカップのような大会を実現したいと熱望していた。

しかし、MLBシーズンの長さと選手たちにかかる肉体的負担――具体的には投手の疲労だ――を考えると、ワールドカップのようなかたちで最高の選手が集う世界大会を実現するのは難しいと考えられていた。

1992年のバルセロナ五輪以降、野球はオリンピックでも大会種目として加えられていたが、当初はアマチュア選手のみが出場できる条件だった。

プロ選手の参加が解禁されたのは2000年からだが、それでもMLBは夏にレギュラーシーズンの行方に影響を及ぼすことを恐れて、マイナーリーガーだけを派遣した。

それがついに2005年、セリグは悲願を成就させる。MLB機構とMLB選手組合が合意したことにより、2006年春に、第1回ワールド・ベースボール・クラシック（WBC）が開催される運びとなったのだ。

大谷翔平は当時11歳で、イチローや松坂大輔といった憧れのヒーローたちが日本代表としてWBCで躍動する姿に胸躍らせていた。

日本はアメリカでの第2ラウンドで1勝2敗だったが、失点率のおかげで決勝ラウンドに進出することができた（日本、アメリカ、メキシコは同じ勝敗数だったが、日本の失点数が最少だったことが作用した）。

日本代表は準決勝で韓国に勝利し、決勝ではキューバを破り、祖国に優勝をもたらした。

この大会は4年に一度開催されるはずだったが、第2回のWBCは3年後、つまり2009年に開催の運びとなった。これは、冬季五輪と重なることを避けるためだった。日本は連続優勝を果たし、松坂が二度目の大会MVPを獲得した。2013年には、日本は準決勝でプエルトリコに敗れ、優勝はドミニカ共和国の手に渡った。

2017年大会が近づいたとき、大谷はついにこの大会へ出場できる位置にまできていた。大谷は日本プロ野球で圧倒的な成績をおさめ、打者として打率・322と22本塁打、投手としても防御率2・12を記録し、パシフィック・リーグMVPに選出されていた。また、２０１６年、大谷は北海道日本ハムファイターズに日本シリーズ制覇ももたらしている。

だが、この日本シリーズ中に、大谷は一塁ベースをおかしな踏み方をしてしまい、右足かかとを負傷。最終的に手術が必要となり、大谷は声明を発表した。

「ＷＢＣに出場できなくて本当に残念です。もともと大会までには回復して、試合に出られると思っていました。ですが、間に合いませんでした」

次のＷＢＣは２０２１年に開催されるはずだったが、新型コロナウイルスのパンデミックにより延期となった。さらに、ＣＢＡ合意に至らなかったため、２０２２年開催も不可能となり、結局、大会は２０２３年の開催に決まった。

大谷は２０２２年11月に公式声明を出し、大会参加を宣言した。さらに、よかったのは、日本代表の監督は自身のファイターズ時代の監督、栗山英樹だったことだ。

「全世界の名選手たちが集まる場所でプレーできることを楽しみにしていますし、この5年間で初めて日本のファンのみなさまの前で試合に出られることを楽しみにしています！」

大谷は、自身のＳＮＳにこう投稿した。

エンゼルスのミナシアンGMも、本シーズン前の準備に支障をきたす恐れがあったにもかかわらず、大谷のWBC出場に協力的だった。

ミナシアンは大谷のWBC出場に関して、大会の数カ月前から模範的な回答を繰り返していた。

「野球界全体のために、いいことだと私は思うよ」

そう切り出して、次のように続けた。

「本当にいいことだと思う。大会自体が素晴らしいものだし、『君はこんな大会に出るべきではない』ということは絶対に言わないよ。われわれが愛する野球というゲームを、全世界に広める絶好機じゃないか。ファンのみなさんには、素晴らしい選手がアメリカ合衆国だけでなく、全世界のあちこちにいることを知る機会にしてほしいね。だから、ショウヘイは好きなようにしてほしい。投げたいなら、打ちたいなら、ショートを守りたいなら、ぜひやってほしい」

そうコメントした。大谷をWBCで打席に立たせるのは簡単なことだった。一方で、投手としての登板にはいろいろな問題がともなう可能性があった。

投手は162試合のシーズンを戦い抜くために、数々の準備とルーティーンが必要となる。この作業をＷＢＣに合わせるために年始に前倒しで始めると、負傷につながる恐れはおのずと高まる。

投手はまず、重圧がかからない状態の3月にスプリングトレーニングで調整する必要があり、全世界の注目と母国の誇り、そして満員のスタジアムという重圧が重なる環境は、この時期には決して望ましいものではない。

もしも大谷がＷＢＣで打者だけに専念し、シーズンに備えて右腕を温存して登板しないという決断をしても、誰も驚くことはなかった。

二刀流選手として、彼はほかのメジャー投手よりはるかに過酷な肉体的負担に直面しており、これ以上、3月に緊迫した試合で難題を増やす必要はなかった。

だが、ミナシアンは大谷を全面的に信頼し、ＷＢＣに向けての調整に関しても、エンゼルスがどうこう言うことはないと強調した。ミナシアンはこう語った。

「そんなに心配はしていないよ。ほかの誰よりも、本人が自分の体のことをよく知っているから。できることとできないことの区別をね。われわれの意思の疎通も順調だ。ショウヘイはいちばん心配いらない男だよ。何かあって、決断を迫られたとしても、自分で決められるし、体の発する信号を理解できる男だからね」

日本における社会現象

アリゾナにあるエンゼルスのスプリングトレーニング施設で2週間を過ごしたあと、大谷翔平はＷＢＣに向けて帰国し、熱烈な歓迎を受けた。

大谷が２０１７年に日本ハムファイターズでの最終戦に出場して以来、日本のファンが彼を見る機会はアメリカからのテレビ中継に限られており――それも時差の問題で都合がいい時間帯ではなく――あとは太平洋を渡って直接見にいくしかなかった。

「ものすごい盛り上がりだよ」

大谷が日本の地で再びプレーすることについて、「スポーツニッポン」のＭＬＢ担当記者、柳原直之は語った。

「ＷＢＣのグッズを買うために、夜明け前の3時とか4時から何百人もの人が店の前で行列をつくっている」

日本のファンが大谷の帰還を喜んでいるのと同じように、大谷もまた、自身が日本でプレーできることに喜びを隠さなかった。

メジャーに渡ってから、大谷は球場で打撃練習をすることがほとんどなく、いつも室内のバッティングケージで練習していた。ファンなら誰でも、彼が打撃練習でどこまで遠くへ飛ばせるのかを見たいものだが、大谷は自ら、スポットライトが当たらない場所でテクニックの微調整を続けることを選んだ。

だが、日本ラウンドのWBCでの大谷は、球場で打撃練習をした。

「日本のファンに自分の力を見せたかったのだろうね」

そう語るのは「フルカウント」の記者、小谷真弥だ。

「イチローの姿を見ながら成長してきて、何かをお返ししたい気持ちになったんじゃないかな」

ホセ・モタは、大谷がメジャー入りを果たしたときにエンゼルスのテレビ放送チームの一員であり、今回は日本ラウンドの中継のために、MLBネットワーク放送の一員として来日した。

「どんな感じなのだろうと想像は膨らませていたけど、これほどの大騒ぎになっているとは思ってもいなかったよ」

そうモタは語った。

「たった1人の選手が、国中に衝撃を与えているんだよ。地方で開催された練習試合でも、聞こえるのは〝大谷がこれをした、大谷があれもやった〟ばかりだった。東京での期待感は、〝大谷が来る、やっとここに来る〟ばかりだった」

モタがもう一つ驚いたのは、大谷がいかに日本の人々にとって接触しやすい存在であるかという点である。アメリカにおいて、大谷はずっと孤高の存在だった。

大谷が一度ニューヨークに行ったとき、ある報道陣が「マンハッタンでいちばんお気に入りのレストランはどこか」と聞いたのだが、大谷の返答は、

「ホテルから外出したことがありません」

というものだった。日本において、WBCの開催中、大谷はしばしばファンの輪の中にいた、モタの言葉を借りれば、「大谷は隠れていなかった」ということになる。

「大谷がホテルにいた。大谷がロビーにいた、エレベーターで会った、とファンが言っていた。誰からも身を隠そうとしていなかったんだ。今やショウヘイは全世界に知られた野球の顔だよ。もうそれ以外に表現のしようがない。なのに、日本では、たんなる野球選手の1人なんだ。それだけだよ。日本人の1人なんだ。日本でのショウヘイはそんな感じだったな」

参加国は20カ国だったが、日本は5チームが入ったプールBに加わり、東京ドーム

で中国、オーストラリア、韓国、チェコと対戦することになった。

日本が次のラウンドに進むためには、このプールで2位までに入る必要があった。このなかでは、まともなプロリーグがない中国とチェコが格下と見なされていて、韓国とオーストラリアでさえ、日本よりは弱い存在だというのが一般的な見立てだった。

大谷は大会の初戦、中国戦で日本代表の先発投手として登板した。

満員となった東京ドームの観衆が大谷に声援を送ったが、初球を投じる直前には無言となり、投球後に再び大歓声が沸き起こった。

「あのスタジアムの静寂、満員の球場での静けさには、鳥肌が立ちましたね」

大谷はそう振り返った。モタもその瞬間をこう話す。

「何か不思議な感覚だったね。放送関係者としては、球場全体があれほど無言を貫いているなかで実況解説を喋り続けるのは、場の雰囲気を邪魔しているようで気まずい思いだった」

日本代表で大谷のチームメイトだった選手たちでさえ、今までテレビで見ていた選手が同じ球場にいることに感慨深かったという。

「今まで僕たちは、彼がプレーする姿を生で見たことがなくて、だから、最初の1球を投げるときは感動しましたね」

二塁手の牧秀吾は、興奮しながらそう振り返った。

結局、大谷は4回無失点に抑え、中国に8－1で勝った。

ファンとしては大谷にもっと長いイニングを投げてもらいたかったが、大会規則により投球数は各ラウンドで厳密に制限されており、大会が後半になればなるほど球数が増えるようになっていた。

大谷は一度、球速100マイル（約161キロ）を記録し、99マイル（約159キロ）も数回出して、3月上旬としては上々の出来であることを自ら証明した。打席では、4打数2安打で、うち1本は2点タイムリーツーベースだった。あとの2打席では四球を選んだ。

この次の日、日本は韓国と対戦した。3回に3点を取り、最終的に13－4と大勝した。大谷はさらに2安打を放ち、2つの四球を選んだ。

日本の第3戦はチェコ戦で、誰がどう見ても最弱の相手だった。

そもそも野球自体が、ヨーロッパ諸国において新しいスポーツである。そのほかの19チームを見ると、大なり小なりプロ選手が加わっているが、チェコに限っては仕事の合間の自由時間に練習するだけの男たちが集まっていた。

チームにはセールスマンがいたり、地理教員がいたり、消防士や電気技師がいたりするが、野球をしていて、いちばんの楽しみな時間をここで過ごせるというわけだ。

左腕投手のオンジェイ・サトリアが日本代表に対して第1球を投じた。

身長5フィート9インチ（約175センチメートル）の26歳の青年が投げられるのは最速79マイル（約127キロ）で、球速だけでいえば高校生程度だ。

1回に、打者・大谷と対戦し、4球続けてチェンジアップを投じ、大谷をファーストゴロで打ち取ることができた。

この2人は、再び3回に対戦することになった。サトリアは大谷への初球でストレートを投じ、ストライクをとった。それから2球続けてチェンジアップを投じると、大谷は空振りして3球三振となった。

チェコのベンチは、まさか仲間の投手が世界最高の選手から記念すべき三振を奪うことができるとはと、大喜びだった。

サトリアはこの記念球を受け取り、マウンドで土を払い落とした。この球を、大谷が自身のチェンジアップに空振りした場面の写真とあわせ、自宅に飾る予定だという。

試合は当然、日本が10－2で勝ったが、大谷は自身の三振を冗談で笑い飛ばしつつ、正々堂々と挑んできた相手への敬意も忘れなかった。

自身のSNSのアカウントに「リスペクト」という言葉を掲げ、あわせてチェコ代表チームの写真をあげた。

それからサトリアと一緒に写った写真もあわせ、チェコ代表選手全員がサインしたユニフォームも掲げてみせた。

「彼のインスタグラムには、本当に感謝しているんだ」

サトリアはこう語った。

「われわれに敬意を示してくれたこと、それはものすごく大きなことなんだよ。あらためて強調するけど、僕らはアマチュア選手だからね。一方であちらは現役のなかの世界最高の選手だからね」

チェコ戦での勝利により、日本代表は第2ラウンドへの進出を確実にしたが、まだオーストラリア戦が残っていた。

大谷は初回から巨大スリーランホームランを放ち、オーストラリアに7－1と快勝する口火を切った。

ボールの飛距離は448フィート（約137メートル）に達し、あわや東京ドームのいちばん深い箇所に掲示された巨大な大谷自身の広告に当たるところだった。ボールが観客席にはね返ってくると、ファンたちは写真撮影用にボールを順々に渡していった。

モタからすると、それ自体が驚きの光景だった。アメリカなら、ファンがこんなお宝のボールを周囲に回すなどありえない。誰かがもっていってしまう恐れが非常に高いからだ。

モタによると、最初にこのボールを手にした若い女性は、ファンが大谷に対して抱く思いを考慮して、この喜びを分かち合わなければならないという義務感からボールを回したのだという。

「このボールは宝石と同じだよ」

女性の反応を見て、モタはそう解釈した。

「このボールは私だけのものじゃない、私たちみんなのものだ。彼女はそうわかっていたし、だからこそボールは無事、彼女の手に戻ってきた。そこには何のいさかいもなかった。あの場面は生涯忘れられないね」

ここまでの出来事はすべて日本での話だが、一方アリゾナでは、大谷の登板スケジュールが今後のエンゼルスにどのような影響を及ぼすのか、すでに疑念の声があがっていた。

大谷は元来、3月30日にエンゼルス開幕投手として登板することになっていた。そんな彼が3月9日の中国戦で先発登板しているのだ。

日本の準々決勝、イタリア戦は、3月16日に予定されていた。マイアミで開催予定の準決勝と決勝は、それぞれ3月19日と21日になっている。

エンゼルスは大谷を3月24日のスプリングトレーニングの試合で登板させ、開幕投手に向けていつもどおりの中5日で調整する予定だった。この計算だと、エンゼルスの開幕戦に向けて大谷は普段のルーティーンと休養の予定を崩さない限り、3月16日のイタリア戦、および準決勝、決勝では登板できないことになる。

エンゼルスのフィル・ネビン監督は、アリゾナで報道陣に対し、今回の関係者全員――つまりはエンゼルス、大谷本人、そして日本代表の栗山英樹監督――が、大谷は準々決勝では先発できるが、その後は先発しないということで合意していると明言した。開幕戦に照準を合わせることを考えると、たしかにこれ以外の解決策はない。だが、必然的に準決勝か決勝で大谷が登板し、あわよくばアメリカ代表と激突してマイク・トラウトとの直接対決を熱望するファンには、不満をもたらす結果となった。

また、そもそも栗山監督が発表する前に、ネビンがこういうことを公言すべきではないという意見も一部では上がった。

大谷は、イタリア戦で4回2／3を2失点で抑え、準決勝進出に大きく貢献した。

大谷は、エンゼルスのチームメイトでよき友人でもあるデビッド・フレッチャーに、1本単打を許した。

親がイタリア人であるフレッチャーがWBC参加を表明して以来、2人は試合で対戦する可能性があることをお互いに冗談めかし、からかい合っていた。

「あいつとの対戦は楽しかったよ」

フレッチャーは、こう振り返った。

「試合に本気で挑んでいたし、もてるものすべてを注ぎ込んでいたよ。完全に真剣勝負だった。ある意味で、対戦相手にあいつがいるのは楽しみだったよ。東京ドームで試合して相手にあいつがいるのは、何か不思議な感じだったけど。ファンたちも素晴らしかったし、試合に入れ込んでいたよね。いい経験だったよ」

この勝利により、日本代表は飛行機で世界を半周し、敵地マイアミに乗り込むことになった。優勝まであと2勝だ。

頂点への道のり

ＷＢＣの優勝候補が4チームにまで絞られ、われわれの誰もが「あの対決」を目撃できるのかとワクワクし始めていた。

そう、大谷翔平VSマイク・トラウトだ。

日本代表は、準決勝でメキシコ代表と対戦し、エンゼルスのチームメイトであるパトリック・サンドバルが先発登板した。

一方で、アメリカは準決勝でキューバと対決した。カレンダーを見る限り、大谷が準決勝および決勝で先発登板することはなさそうだったが、救援投手としてなら投げられるのではないかという期待が高まっていた。とはいえ、まずは日本がメキシコに勝たなければならない。

たしかに、日本は最初の5試合を難なく勝ち進んできたが、メキシコ代表は強力な対戦相手で、メンバーにはメジャーリーガーが勢ぞろいしていた。

サンドバルは父親がメキシコ出身で、エンゼルスのなかでも、とくに大谷と親しい1人だ。2人のロッカーはエンゼルスタジアムで隣同士でもある。

サンドバルは、2021年と2022年にメジャーリーグで信頼できる先発投手としての地位を確立した。この2年間の防御率も3・17だった。多くの野球ファンが彼の姿を初めて目に焼きつけたのは、第1ラウンドのアメリカ戦で先発登板したときだった。

3回を1失点で乗り切り、メキシコは11－5でアメリカを破った。次に先発登板したのがこの準決勝の日本戦で、サンドバルは4回1／3を無失点に抑え、6奪三振を記録した。うち一つは、大谷から奪ったものだった。

サンドバルはスライダーで大谷を仕留め、マウンドを降りるときには拳を突き上げた。もう一度、サンドバルが大谷と対決した際にはセンターライナーで打ち取っている。個人の対決ではサンドバルに軍配があがったが、最終的に勝利を祝ったのは大谷のほうだった。

日本代表は9回裏の攻撃に入る時点で1点差を追う展開であり、先頭打者の大谷がジョバンニ・ガジェゴスから二塁打を放って反撃ののろしを上げた。チームメイトの奮起を促した。

そこで、大谷は日本のダグアウトに向かって両腕を振り上げ、チームメイトの奮起を促した。

「負けたら終わりの試合、プレーオフのような試合を戦うのは、僕にとっては久しぶりでしたからね。負けてはいけなかったんです。だから、ダグアウトの仲間たちを煽りました」

そのあと吉田正尚が四球で出塁し、続く村上宗隆がセンターの頭を越す決勝打を放った。

大谷と、吉田の代走である周東佑京の2人がホームに帰還し、日本代表が決勝進出を決めてアメリカと対決する権利を得たことで、喜びを爆発させた。

「もちろん、決勝に進めたことに大きな達成感はありますが、1位と2位では決定的に違うものなんです」

試合後のお祝い気分のなかで、大谷はあらためて気を引き締めていた。

「何が何でも優勝するために、できることはなんでもやります」

つまり、それは決勝で、投打の両方で出場する可能性があるということだ。アリゾナのエンゼルス関係者一同は、この意味を深くかみしめた。

エンゼルス加入後の大谷は、非常に厳密なスケジュール管理のもと、投手として登板していた。必ず最低中5日、ときには6日や7日空けることもあった。

しかし今回、大谷は前回の登板、つまり準々決勝のイタリア戦からまだ4日しか経っておらず、しかも、その間に地球を半周する飛行機移動が含まれていた。

普段よりも短い間隔で投げることは、大きな問題ではなかった。大谷のことだから、球数制限をして救援投手として出てくる可能性が高いからだ。

ただ、ここで一つ疑問となるのが、大谷本人が救援登板に向けてどのように準備を進めるのかだった。すでに打者として試合出場しているのに、普段の投球前練習をすることができるのか。

人生のなかでもっとも緊迫した場面で、いつもと同じルーティーンができないまま登板したら、今後のケガの引き金になるのではないか。

そして、この登板のあと、エンゼルスの開幕投手として調整を進めていくうえで、次にマウンドに上がれるのはいつになるのか。

エンゼルスのネビン監督とペリー・ミナシアンGMは、決勝戦の日に、アリゾナで前述のような報道陣からの難題に直面することになった。

しかし、2人ともこのシナリオに対する準備は進めており、大谷が希望するなら決勝戦で救援登板してもかまわないと口をそろえた。ネビン監督はこう語った。

「ショウヘイの準備に関しては、全面的に信頼しているから。今日は野球界全体にとって大きなインパクトのある夜だからね。私も試合を見るのが待ちきれないよ」

ミナシアンもまた、大谷がスポットライトを浴びるべき日に自分が干渉すべきではない、ファンが望んでいることを台なしにしてはいけないという姿勢を貫いた。

「私はベースボールというゲームを何より愛しているんだ」

ミナシアンはこう切り出した。

「全世界のどんなゲームよりも、ベースボールというゲームを愛しているんだ。だから、もっとこのゲームが世界全体で広まっていってほしい。その意味で、この大会が果たしている役目は本当に大きい。試合も素晴らしいものが続いている。選手たちも躍動している。この熱気、ファン、情熱、注目。少なくとも私にとっては、もし彼が投げたい、マウンドに上がりたいというのであれば、それは全世界に向けて、このゲームの素晴らしさを発信する絶好の機会だと思っているよ」

そして、2番目に大きな要素がそこにあった。たんに大谷が祖国に優勝をもたらすために大舞台で登板するというだけではない。彼が登板すれば、トラウトと対戦する可能性も出てくるのだ。ネビン監督はこう話した。

「世界最高の2人の選手が頂上対決する、こんな場面を見たくない人がいるかい？これから1年間、ずっとこの話題で持ちきりになると思うよ」

最高の舞台、最高の対決

決勝戦を前に、大谷翔平が日本代表のロッカールームで感動的なスピーチをしている動画がSNSで公開された。

「憧れるのをやめましょう」

そう大谷は言った、と「ロサンゼルス・タイムズ」の翻訳者が伝えた。

「もし憧れてしまえば、超えることができなくなります。僕たちはここに勝つために来たのであり、頂点に辿り着くためにここにいるわけです。1日だけ、あの選手たちへの憧れを捨てて勝ちにいきましょう」

栗山監督は、本気でアメリカを倒しに来ており、先発メンバーにはオールスターとＭＶＰが勢ぞろいしていた。

日本代表には剛球投手がそろっていて、最後の最後に大谷が控えていた。栗山監督は、そんな投手たちを１イニングか２イニングずつ小刻みに投入し、アメリカ打者陣にスキを与えないつもりのようだった。

今永昇太は、最初の２イニングを担当し、１回に乱調はあったものの、トラウトに二塁打を許したのと、２回にトレイ・ターナーに献上したソロホームランによる１失点だけで乗り切った。

日本はすぐにこの失点を跳ね返し、村上宗隆が２回裏に本塁打を放った。そのまま安打と内野ゴロの間に２点目を取る。さらに、岡本和真が４回裏に本塁打を放って、追加点を入れて３－１とリードを広げた。

戸郷翔征、高橋宏斗、伊藤大海、翁田大勢が順々に日本ブルペンから送り出され、次々とアメリカ打線を抑えていく。

一方で、大谷は登板の準備を始め、レフトフェンスの向こうにあるブルペンで打席の合間に走り始めた。そして、大谷が幼少時から憧れていたアイドルの１人で、同じくメジャーリーグ投手であるダルビッシュ有が8回表にマウンドへ向かい、大谷は登板に向けてさらに準備を進めた。

ダルビッシュは、カイル・シュワーバーにソロホームランを献上し、2点リードから1点差に迫られてしまう。

さらに、ターナーがシングルヒットで出塁し、アメリカとしては好打順だ。7番打者のJ・T・リアルミュートが内野フライに打ち上げ、次のセドリック・マリンズも外野フライを打ち取られたが、二番打者であるトラウトまで、9回には確実に打順が回ってくる。

トラウトは、大谷が登板している間に自分の打順が回ってくるかどうかはとくに深く考えないと言っていたが、この試合を見ていた観衆全員が、これから起こる事態を認識していた。

8回裏に日本代表が攻撃している間に、大谷は素早くブルペンで数球投げ込んだ。外野フェンスの扉が開かれ、大谷が9回のマウンドに向かい始める。1点リードで必ずトラウトに打順が回るという、完璧な舞台が整った。

2016年の日本シリーズ以来、大谷にリリーフ登板はなかったが、明らかに士気が高揚していた。

ジェフ・マクニールに対する2球目は、102マイル（約164キロ）の直球で地面に当たった。最終的に大谷は99マイル（約159キロ）の速球を投じ、マクニールのひざ下に外れたボールで歩かせることになった。

アメリカ代表のマーク・デローサ監督は、大谷の四球に対する反応を見て逆に驚かされたという。

「あの男はどんな大舞台も大きく感じないみたいだ。きわどい球でジェフ・マクニールが歩くことになっても、まったく動じる様子を見せなかった」

先頭打者に四球を与えることは、大谷にとっては厄介な事態になる恐れが十分にあった。その後、アメリカ打線には3人連続で、MVPを受賞したことのある強打者が待ち受けていたからだ。

ムーキー・ベッツ、トラウト、そしてポール・ゴールドシュミットだ。

大谷はこの緊張の場面で、ベッツに内野ゴロを打たせ、日本はダブルプレーをとり、走者なしの状態でトラウトを打席に迎えることになる。

「あの場面で感情を落ち着かせようとしていたのか、深呼吸しているのを見たよ」

デローサ監督はこう振り返った。
「普段はチームメイトである世界最高の2人の選手が決勝の場面で対決する、そんな場面は想像すらできなかったよ」
あの瞬間、大会を見守ってきた人たちは軒並み、決してありえないだろうと思っていた場面が実現したことにただただ興奮した。
大谷とトラウトは、ともに2週間前にこの大会に入り、大谷は地球の反対側でプレーしていた。両チームは決勝までに6試合を乗り越える必要があり、誰もが見たい対決が、誰もが望んでいた場面で実現したのだ。
決勝戦
9回
ツーアウト
1点差
大谷対トラウト
最初の5球は、ボールとストライクが交互に投じられた。トラウトはうち2球の速球を空振りし、どちらも球速は100マイル（約161キロ）を記録。2球ともホームベースの真ん中を突き抜けていた。

そして、フルカウントとなった次の1球、大谷は速球で決めにくるのか、それともスイーパーで仕留めにくるのか。

大谷は一度間をとって、マウンドに立ちながら指に息をふきかけた。

それからプレートに足をかけ、投球モーションに入ってスイーパーを投じた。

トラウトは豪快に空振りし、バットをすり抜けたボールはキャッチャーミットにおさまった。

「あれは完璧な投球だったよ」

何カ月もたってから、トラウトはあらためて振り返った。

「考えてみれば、あいつと打席で対戦するのは初めてだったからね。スプリングトレーニング中でさえ、そんな機会はなかった。リーグの他球団の選手たちが言っていることがやっとわかったよ。あれは、本当にエグかった」

あの1球を数値化すると――球速88マイル（約141キロ）で、横に19インチ（約48センチ）流れていた――大谷がメジャーリーグに加わって以降、客観的に見ても、大谷自身が投げた球のなかで最高の1球だった。メジャーリーグ公式戦で、彼は16

60球のスイーパーを投じているが、あれだけの球速と横の変化の大きさを誇るのは、そのなかでも4球だけだ。

「あんな球を打てる打者なんか、どこにもいないよ」

ネビン監督もそう同調していた。

大谷は叫び声をあげ、両腕を高く掲げてグラブと帽子を空中に投げ捨て、ダグアウトから飛び出してきたチームメイトたちの歓喜の輪に飛び込んでいった。

「間違いなく、僕の人生で最高の瞬間です」

大谷はそう言い、直後に大会MVPにも選出された。

大谷は、少年時代にイチローが、日本代表として2006年と2009年に優勝へ導いた場面を見たときの興奮を振り返った。

「僕は日本代表が優勝するのを見て、いつかここに加わりたいと願っていました。このような経験ができて本当に感謝しています。今度は次の世代が、この大会を通じて野球を始めてほしい、そして、もっと多くの人に野球をプレーしてほしいというのが僕の願いです。そうなれば僕は嬉しいです」

大谷を18歳で北海道日本ハムファイターズに入団させて以来、もっともよき理解者である栗山監督は、この場面で大谷が歓喜する姿を見て、あらためて感慨深いものがあったようだ。

「翔平はここに至るまで、本当に長い道のりを歩んできたので、私も嬉しいです。マウンドに登ってからの動きをずっと細かく観察していましたが、とにかく野球を謳歌していましたね。みなさんが、ああいう彼の姿を見ることができて、私も本当に嬉しいです」

日本人の大半が、この場面を見たようだった。ＷＢＣの日本代表戦は、全７試合のテレビ視聴率が、アメリカのスーパーボウル（ＮＦＬの優勝決定戦）に匹敵する数字に達した、と「スポーツビジネスジャーナル」が報じた。

日本では平日の朝だったにもかかわらず、日本全国の視聴者のうち約40％がＷＢＣ決勝を映していたという。アメリカでも、アメリカ対日本の試合は４５０万人の視聴者をひきつけ、２０１７年のＷＢＣよりも69％の増加が見られた。

大谷自身も、この大会であらためて人気が急上昇し、インスタグラムのフォロワーが１７０万人から４００万人にまで伸びた。

大谷がＷＢＣ決勝で絶頂の興奮を味わった数日後、大谷はアリゾナに戻り、エンゼルスのユニフォームを着て、マイナーリーガーを相手に投球していた。

大谷がＷＢＣで味わった世界一の歓喜を、まだ味わっていないチームのために、シーズンへ向けた最終調整だった。

大谷がＷＢＣの大舞台で躍動する姿を見て、野球界の誰もが、大谷とトラウトがプレーオフに進出できれば、野球界全体にとって大きなプラスであるという認識を新たにした。

ということは、２０２３年シーズン以降にエンゼルスとの契約が切れた大谷が他球団に移籍するのではないかという憶測も、あらためて力をもつようになった。

大谷はＦＡに関する質問に対し、ＷＢＣで湧いてきた勝利への執念を、今はエンゼルスのためだけに振り向ける、とだけ答えた。

「ああいう一発勝負の試合を重ね、ぜひ、僕は同じ経験をこのチームで味わいたいと強く感じました」

第7章

再び高まる期待

SHO-TIME 2.0
CHALLENGE TO BE THE BEST
IN THE WORLD

やまない移籍の話

大谷翔平が2023年のスプリングトレーニングに入った時点で、今シーズンのテーマは明確だった。今後、長年エンゼルスに残るのかどうか、決着をつける1年となる。2023年シーズンが終わったら、否応なくFAとなるからだ。

そのほかもろもろ——このチームを誰が所有することになるのかといった大きな問題から、大谷も気に入っている新デザインのユニフォームを、どのタイミングでお披露目するのかといった小さな問題まで——は、すべて大谷の将来にとってどういう意味があるかという文脈によってのみ、関心をもたれることになる。

スーパースター選手が契約延長に応じる際、FAになる直近2年前のオフシーズンにサインするケースが多い。

ただ、大谷の場合は、2021-2022年シーズンの冬はロックアウトでそれどころではなく、この冬にはチーム売却の話が出ていた。

ところが、その話には驚くべき結末が控えていた。スプリングトレーニング開始の数週間前に、オーナーのアルテ・モレノは売却中止を発表したのだ。

「私の心のなかで、どうしても整理がつかなかった」

モレノは、売却中止を決定した数カ月後にそう語った。そして、いくつかのインタビューで大谷との再契約を目指す姿勢を明言した。

モレノはこれまでにも、大物のスーパースター選手に対しては大金を惜しむことがなかった。そのなかには、２０１９年にマイク・トラウトと締結した4億２６５０万ドル（約６１８億４２５０万円）の契約も含まれ、エンゼルスは大谷に払えるだけの財力があることは疑問の余地がなかった。

エンゼルスは、２０２３年の単年で大谷に３０００万ドル（約43億５０００万円）払っていたが、この金額はＦＡになる前の選手に払う金額としては史上最高だった。

最後に残されていた疑問は、大谷がエンゼルスに残りたがるかどうかだけだった。

報道陣は、スプリングトレーニングに入った初日から大谷を質問攻めにしたが、返答はつねに慎重で、自らの考え方を披瀝（ひれき）することはほとんどなかった。

大谷が単純に答えをはぐらかしているようにも見えたが、現場にいた私からすると、彼は今やるべき準備だけに集中し、将来のことはあまり考えたくなかったのだと思う。

「今の僕は、エンゼルスの一員で、その一点にだけ集中しています」

大谷は、スプリングトレーニング初日の記者会見でそう答えていた。大谷本人としては、「5億ドル（約725億円）の契約へ」といった憶測が流れていても、自身の口から言えることなどあろうはずもなかった。

「僕はフリーエージェント市場の専門家でもないですし、そこについては深くふれたくないです。以前にも言いましたが、僕はただ今シーズンにだけ集中しています。目標はワールドシリーズ制覇です。今の僕が考えているのはそれだけで、それこそがチームのためになることです」

大谷はここ数年、一貫して勝つことが最優先であり、そうなると「エンゼルスは本気で勝とうとしていると信じているのか」とよく聞かれていた。

「エンゼルスは、僕自身と同じくらい勝ちたい組織だと思っていますよ。僕と同じくらい勝ちたい集団だと。もちろん、チームがどう考えているかを僕の口から伝えることはできませんが、僕は信じています」

GMのペリー・ミナシアンは、エンゼルスが2023年に勝てるチームになるために必要な手を冬のうちに打ったが、長期的な将来性までは考慮していないように見えた。

ミナシアンがそんなことを公に口にするはずもないが、多くの人は、エンゼルスはとにかく2023年で勝つこと、それにより大谷との再契約にこぎつけることを最優先にしていると見ていた。

前年のチームにおける最大の難題の1つは、野手の駒不足だった。トラウトや三塁手のアンソニー・レンドン、一塁手のジャレッド・ウォルシュといった面々を負傷で欠くと、たちまち戦力が激減してしまった。

ミナシアンが2023年のチーム編成を作成するにあたり、まず強調したのが、複数ポジションを守れるベテラン野手の補強だった。

エンゼルスはトレードで、ミネソタ・ツインズからジオ・ウルシェラを獲得した。ウルシェラは31歳で、あと1年でFAになるところだったが、内野の4つのポジション全部を守れることと、スター性こそないもののメジャーリーグの打者として手堅い数字を期待できるところが魅力だった。

またミナシアンは、ブランドン・ドゥルーリー内野手と2年契約を結んだ。ドゥルーリーは30歳で、打撃で自身のキャリア最高の数字を残したところだった。そして、同じく複数のポジションを守ることができた。

また、エンゼルスはトレードで、毎シーズン25本から30本の本塁打を期待できるハンター・レンフロー外野手をミルウォーキー・ブリュワーズから獲得した。レンフローもＦＡの1年前だった。

この3人が加わることで、エンゼルスはケガ人が出ても穴を埋められる、1番から9番まで頑強な打線をつくることができる、そして、大谷がＦＡになる前の最後の1年に彼の周りを固めることができると信じた。

そして、投手陣を見ると、実はよく機能していた。２０２２年の防御率はメジャー全体で9位だったので、エンゼルスが補強した投手は2人だけだった。

具体的には、オールスターゲームにも出場した左腕のタイラー・アンダーソンを、3年契約でドジャースから引き抜いた。それから、右腕救援投手のカルロス・エステベスも2年契約で補強した。

こういった選手の補強に加え、チームはさらに大谷を喜ばせることができそうな一手を打っていた。エンゼルスはアシスタント投手コーチとして、ビル・ヘーゼルを雇用したのだ。ヘーゼルは過去2年間、シアトルにあるハイテク野球トレーニング施設の「ドライブライン・ベースボール」で大谷の指導に当たっていた。ヘーゼルはもともと小規模大学で指導しており、その後、ドライブラインに加入するまでは金融サービスの営業担当だった。

ドライブラインは、投手に重い球を投げさせたり、コンピュータでフォームのメカニクスを解析したりすることで広く知られるようになった。ヘーゼルはドライブラインに5年間勤務し、その間にエンゼルスでいえばパトリック・サンドバル、リード・デトマーズ、そして大谷と協働作業に当たった。

サンドバルによると、彼のスライダーが格段に向上したのはヘーゼルのおかげで、それが２０２２年の大きな飛躍の要因になったのだという。

大谷も２０２１年シーズンの前に投手としての自分をドライブラインで完全に見直し、あのような成果が出たので、翌年も再びドライブラインに戻り、さらに投手としての成績を上積みした次第だ。大谷はこう語っている。

「ここ2年間、投手として残せた数字は上々でした。彼がいろいろと助けてくれましたからね」

万全のサポートシフト

シーズンが開幕すると、大谷翔平はＷＢＣで見せた圧倒的な勢いをそのまま持ち込んでいた。

オークランドでの開幕戦で大谷は、６イニングで1失点も許すことなく、10奪三振を記録した。許したのはわずか2本のヒットだけで、どちらも4回裏のものだった。

１アウト二・三塁のピンチを招いたが、そこからヘスス・アギラールをスプリットで、そしてラモン・ラウレアーノを１００マイル（約１６１キロ）の速球で連続三振にきってとった。

「もうあいつは圧倒的という次元さえ超えて、打つことが不可能な存在にまでなってしまった」

マイク・トラウトは、こう感嘆した。

開幕以来、大谷は5回の先発登板をして、うち1回はボストンで雨の影響を受けて、わずか2イニングで降板したが、全体的な出来は上々で、この冬に、投手として次元がさらに一段高くなったと思わせるに十分な結果だった。

28イニングで防御率０・64、38奪三振を記録した。唯一課題ともいえる点は、これまでには考えられない与四球の多さで、すでに合計15に達していた。

それでも誰もまともに打てないのだから、さして大きな問題にはならなかった。この５試合の先発登板で、総計８本のヒットしか許していない。

この好調な滑り出しにより、新規に導入されたピッチクロックにも大きく左右されることはないことが判明した。

メジャーリーグは試合の迅速化を進めるために、２０２３年、ピッチクロック制度を導入した。

もともと大谷は投球間の間隔がもっとも長い投手の１人として知られており、多くの人が、「彼は短い間隔で投球することを強いられるせいで、悪影響が出るのではないか」と危惧していた。

新規則により、投手は走者なしの状態でボールを受け取ってから15秒以内に投球モーションの開始を求められ、走者が塁上にいる場合でも20秒以内に投球しなければならなくなった。

２０２２年の統計を見ると、大谷は走者なしの場面で平均22秒の投球間隔をとり、走者ありの場面では平均27秒もの時間をかけていた。

もう1つ、大谷に関して懸念材料になっていたのは、球種が多いことにより、彼と捕手の間で何を投げるか決めるのに時間のかかることがあるという点だった。

2023年に、大谷はこの問題を解決すべく、新技術を取り入れて、自ら球種を選択することにした。

大谷は、左腕の袖下にボタン付きのアームバンドを装着していた。毎球投げる前に、グラブを抱えて対戦チームから見えないようにして、ボタンを押して信号を送ったのだ。

この信号により、捕手のヘルメットに音声メッセージが届き、イヤホンを通じて正確な音声を聞くことになる。

このテクノロジー自体はメジャーの投手全員が利用可能だったが、大部分の投手は伝統にしたがって、捕手からのサインで球種を決めることを選んだ。

大谷が自身の球種を決めて伝達するのを決めたことにより、エンゼルスは彼にフィールド上での決定のすべてを委ね、100%の信頼を置いていることをあらためて示したのだ。

エンゼルスはさらに、大谷が居心地のよい環境をつくるために先発ローテーションを組み直し、新しいシーズンに臨んだ。

メジャーリーグ先発投手のほとんどは、中４日で登板するが、大谷は打撃部分の負担も考慮して、少なくとも中５日の休養を入れてから登板していた。

２０２１年と２０２２年は、エンゼルスの先発投手は６人制としていたが、これもひとえに大谷の実力を最大限に引き出すためだった。

しかし、６人の先発投手でローテーションを回していくと、１日試合がないオフの日が挟まった場合、投手は中６日で登板することになる。

２０２３年シーズンを前に、フィル・ネビン監督は、エンゼルスとして大谷を必ず中５日で登板させ、たとえ、登板日前後に試合のない日があってほかの投手の先発機会を飛ばすことになったとしても、大谷の中５日登板を最優先にすると宣言した。

「ショウヘイは特別な存在なのだから、監督である私としては、彼が投げられる日は毎回投げてもらいたいということだよ」

ネビン監督はそう断言した。

シーズン開幕直後の打者としての大谷は、彼の基準からすると並程度のすべりだしだった。4月に7本塁打、5月に8本塁打を放ち、最初の2カ月でOPSは・882を記録した。

新規導入された規則から恩恵を受けていることは明らかだった。MLBは、二塁よりどちらか片方に3人の内野手を配置する極端なシフトを禁じた。

大谷が打席に立つと──ほかの左の強打者と同じく──二塁と一塁の間に配置された3人の内野手と対峙することがよくあった。大谷は強烈なライナーの打球を右側に放つのだが、ライト手前に潜んでいた内野手が捕球してしまうという場面が多々見られた。

また、二塁の両側に2人ずつしか内野手を置いてはならないと規定されただけでなく、内野手4人は全員内野の土の上で守備につかなければならないというルールが決まった。

大谷は2021年から2022年の2年間で、ホームランを除く右側への打球の打率は・343だったが、2023年にはこの数値が・360まで上昇している。

このおかげで、シーズン終了時の大谷の打率は・304まで上がり、3年連続で自らの打率を引き上げる結果となった。

だが、大谷にとってシーズン初期のすべてが順調だったわけではない。

前年には、スイーパーが新球種として絶大な力を発揮した。全投球の37％がスイーパーで、被打率はわずか・165に抑えることができた。全シーズンを通しても、スイーパーを打たれた本塁打はわずか6本だった。WBCで、大谷がトラウトに投じて三振を奪ったスイーパーは、そのなかでも最高級のできだった。

だが、5月になると大谷は、スイーパーを投じる際に困難を覚えるようになる。それまでと同じように多投していたわけだが、打たれる頻度が増えたのだ。

5月15日にボルチモアで行われた試合で、大谷はスイーパーを狙い撃ちされ、2本のホームランを被弾した。あの時点で、彼が9回先発登板してスイーパーを投げたなかで、すでに5本のホームランを食らっていた。

試合後の大谷は、この球種の改善が必要であることを率直に認めた。

「スイーパーに関しては、いくつか自覚している改善点があります」

そう大谷は切り出し、こう続けた。

「ここで詳細を明かすことはできませんが、調整すべき点がいくつかあります。このいくつかの調整さえできれば、またスイーパーの質もよくなると思います」

順調なスタートを切れたが

大谷翔平はシーズン前半を通して期待どおりの活躍をしてくれたが、エンゼルスはまだ手探りの状態が続いていた。

好調の時期が少し続いたかと思えば、いつの間にかまた不調の時期に入るというサイクルの繰り返しだった。

4月半ばには――攻撃面と守備面の両方で――ショートに補強が必要だとの結論に至り、ザック・ネトをメジャー昇格させるという驚きの一手に出た。

ネトは2022年7月に開催されたドラフト会議で、エンゼルスが1巡目に指名した逸材で、それからわずか9カ月目での昇格となった。

4月15日、つまりは開幕2週間後にエンゼルスがメジャー招集したが、それまでにマイナーリーグでもわずか48試合に出場しただけだった。ごくたまに、図抜けた大学選手がマイナー生活1年でメジャー昇格を果たすこともあるが、ほとんどの場合、大学出身の選手も少なくとも2年間はマイナーで過ごすのが通例だ。

エンゼルスがネトの昇格を決めた一方で、同じくらい衝撃的な決断が下された。デビッド・フレッチャーが、マイナー降格となったのだ。

フレッチャーは２０１８年から２０２１年まで、エンゼルスの内野手として地位を確立しており、かつ大谷にとってもチームのなかでもっとも親しい選手の１人だった。

しかし、フレッチャーは、２０２１年中盤から、かつてと同じ打者ではなくなっていた。２０２１年の最後の71試合では打率・１９４にとどまり、２０２２年の大部分は負傷で棒に振った。

そして、ネトは体を張ったプレースタイルで、またたく間にエンゼルスで地位を確立した。死球も恐れないプレースタイルで、打席では思い切り踏み込み、新しい出塁の方法を身をもって示した。そして、守備も素晴らしかった。

それ以外のエンゼルス内野陣も期待どおりの活躍を見せ、とくに新加入選手がいい働きをしていた。5月にアンソニー・レンドンが股関節の負傷で戦線離脱してから、ジオ・ウルシェラは、三塁手の穴を見事に埋めており、打者としても勝負強い打撃を披露していた。ブランドン・ドゥルーリーは、４月には低調だったが、５月には本調子になって、エンゼルスの打線でも上位に食い込んでいた。

そして、すべての歯車がかみ合ったのが6月半ばで、エンゼルスはテキサス州アーリントンに遠征し、アメリカン・リーグ西地区1位のテキサス・レンジャーズとの4連戦に臨んだ。

大谷は、打者としてメジャーリーグ加入以来、最高ともいえる1カ月を過ごしており、6月のアメリカン・リーグ月間MVPに向けて驀進(ばくしん)していた。この4連戦で、ホームラン4本を放った。4試合で20回打席に立ち、7安打と7四球も記録した。

4連戦の最終戦では、大谷は投手としても登場し、6回2失点でレンジャーズのエース投手、ネイサン・エオバルディに投げ勝った。

そして、大谷は8回表に打席から左中間へホームランを放ち、さらにリードを広げて4連戦におけるエンゼルスの3勝目を確実にした。大谷はこう話している。

「選手たちは調子を上げてきてますね。今までとは違う雰囲気で、試合中のダグアウトでも盛り上がりが違います。願わくば、シーズン終了までこの勢いでいきたいです」

エンゼルスは、さらに次の3連戦でも2勝して、41勝33敗となり、勝率も・554となった。ついに悲願のプレーオフ進出に向かっているようだった。

だが、あとから振り返ると、このころがシーズンの頂点だった。ちょうどこの時期から、何人もの選手が立て続けに負傷してしまったからだ。

ネト、ウルシェラ、三塁手のアンソニー・レンドンは、レンジャーズとの４連戦中にケガを負った。その後、ネトとレンドンは復帰したが、ウルシェラは一塁での交錯により骨盤を痛め、残りのシーズンをすべて棒に振ってしまった。

７月３日、エンゼルスはサンディエゴに遠征したが、トラウトはバットを振った際に左手に激しい痛みを覚えた。試合後に本人が報道陣へ明かしたところによると、振った瞬間に、その痛みから診断結果がだいたい見当がついたので激しく動揺したという。この１時間後に、トラウトは左手有鈎骨（ゆうこうこつ）の剥離骨折という診断を受けた。

通常の治療法としては手術で剥離した小骨を取り除き、リハビリの期間はだいたい１カ月から２カ月の間とされる。この翌日、レンドンはファウルの自打球をスネに当て、当初は打撲だと思われていたが、数週間後にあらためて骨打撲と診断された。つまり、骨の中で出血が認められたのだ。

このような負傷者続きのせいで、エンゼルスはオールスター休暇直前の10試合のうち９試合を落とし、勝敗も45勝46敗まで落ちてしまった。

大谷は相変わらず好調を維持していた——７月の月間ＭＶＰも間近だった——が、シーズンの行く末について明らかに不吉な兆候がいくつか見られていた。

第８章

行きつく先

SHO-TIME 2.0
CHALLENGE TO BE THE BEST IN THE WORLD

迫る決断の日

大谷翔平が初めてオールスターゲーム出場を果たした年、つまりは2021年になるが、当時話題となっていたのは、彼のフィールド上における圧倒的なパフォーマンスだった。

だが、3年連続でこの舞台に立った2023年には、彼に関する話題はビッグマネーのことばかりになっていた。

FAになるまであと4カ月もなかったが、大谷は過去2年に勝るとも劣らぬ素晴らしいシーズンを送っていた。

そのため、大谷がトラウトの4億2650万ドル（約618億4250万円）という記録を破ることはほぼ確実視されていた。

「彼は大金を手にすることになるけど、当然の権利だと思うよ」

シアトルで開催されたオールスターゲーム前日の会見でそう語ったのは、アトランタ・ブレーブスのショーン・マーフィー捕手だ。

「もし、選手と契約する経営陣の立場に自分がいたらどうするかわからないけど、とにかく、どんな大金を払ってでも欲しい選手だよね」

ロサンゼルス・ドジャースのフレディ・フリーマン一塁手はこう語った。

「1人の野球ファンとして、彼が毎日やっているのを見ること自体が楽しいよね。僕は1人の打者として、毎日プロのバッターがどれほどの努力と準備と心構えをし続けなければならないのかを痛いほど知っている。なのに、彼は、それに加えて5日に一度は登板もするんだろ。僕にはまったくわけがわからないよ。この偉業にどうやって金額をつければいいのか、見当すらつかない。まあ、そのうちわかるだろうけどね」

大谷は、予想どおりというべきか、自身が間もなくどれほどの大金を稼ぐことになるかという会話に加わることを拒んだ。

「僕は今まで一度もフリーエージェントになったことがないですし、ですから、今後どうなるかはまったくわかりません。今の僕は、シーズンにだけ集中しています。とにかく今シーズンにベストを尽くし、1つでも多く勝ちたいというだけです」

この勝ちこそが大問題だった。エンゼルスはオールスターゲーム前に絶不調に陥った。

大谷はあらためて、勝てるチームにいることが最優先だと強調した。

「この思いは、年を経るごとに強くなっています。負けるのは嫌ですから」

もうこの時点で野球界の誰もが、エンゼルスが大谷と再契約に至る可能性は限りなく低いと見ていた。

エンゼルスは完全に勝ちから見放されていたからだ。メジャーリーグのファンは軒並み、大谷がオールスターゲーム中に次のチームを見つけられればいいのにと切に願っていた。

シアトル・マリナーズのファンは、大谷が試合で二度打席に立つと、そのたびに、

「シアトルにおいでよ」

と大合唱した。

「こんなことは今まで経験したことがなかったですが、声はたしかに届きましたよ」

と、この2打席で四球と三振だった大谷は応じた。

オールスターゲーム後に、大谷はエンゼルスに再合流したが、莫大な重圧に直面することになる。

8月1日のトレード最終期限まで3週間を切っており、この日までにすべてのチームはプレーオフ進出にすべてを懸けるか、今シーズンは投了とするか、決めなければ

ならないのだ。とくにエンゼルスにとっては、シーズン後、ＦＡになる大谷の去就に直結するので、重要な決断となる。

もしも、エンゼルスがプレーオフ争い脱落を決めたなら、大谷を放出するほうが理にかなうことになるのだ。

エンゼルスは後半戦のヒューストン・アストロズとの3連戦のうち、すべて勝てる見込みが十分あったにもかかわらず、落としてしまった。

だがその後、エンゼルスはニューヨーク・ヤンキースに3連勝し、しかも大谷は7回に同点ツーランホームランまで放った。

大谷にとっては3試合連続のホームランで、直近34試合で20本目のホームランとなった。この2カ月間は無双状態が続いており、ケガで離脱したマイク・トラウトとアンソニー・レンドンの穴を埋めて孤軍奮闘していた。

フィル・ネビン監督はこの機会を利用して、大谷が圧倒的な個人成績を残しつつ、どれほどエンゼルスの勝利のために心身を捧げているかを訴えた。

「彼は勝つという目的のために、世界最高の選手になるにはどうすればいいか、すべて計算のうえでやっている」

そして、エンゼルスは勝ち続け、ピッツバーグ・パイレーツとの3連戦のうち2つの試合で勝ち、その後の7月25日にデトロイト・タイガースを下した。

エンゼルスは9回裏に4点取られて延長戦にもつれ込んだが、10回に再び勝ち越した。この1勝により、52勝49敗となり、アメリカン・リーグのワイルドカードの座を争う、トロント・ブルージェイズを3・5ゲーム差で追う展開となった。

この翌日、デトロイトでの試合は雨天中止となったが、シーズンのなかでもっとも大きな意味をもつ日にもなった。

夜になって間もなく、「スポーツ・イラストレイティッド」のトム・ベルドゥーチが、エンゼルスは6日後に控えているトレード期限前に、大谷を放出しないことを決定したと報じた。

情報源については匿名となっていたが、オーナーのアルテ・モレノだという見方が一般的だった。モレノは滅多に報道陣の取材に応じることはないが、ベルドゥーチにはスプリングトレーニング中に独占インタビューの機会を与えており、再びベルドゥーチに対し、大谷のことを話した可能性が非常に高かった。

もう1つ、ベルドゥーチの情報源が明かしていたのが、エンゼルスがトレード期限前に補強するのは、具体的には「先発投手と救援投手1人ずつ」ということだった。

すぐに明らかとなったが、ベルドゥーチの記事が配信される前から、エンゼルスはそういうトレードを仕掛けていた。その記事が出た数時間後、エンゼルスは、シカゴ・ホワイトソックスからトレードで右の先発投手ルーカス・ジオリトと、右のリリーフ投手レイナルド・ロペスを獲得したと発表した。

ジオリトはオールスターゲーム出場経験もあり防御率も3・79で、トレード市場に出ているなかではもっとも優れた投手の1人と見られていた。

ロペスはここ数年間、信頼できるリリーフ投手としての地位を確立しており、100マイル（約161キロ）の速球を投げ込むことができた。

このトレードでエンゼルスが見返りに放出したのは、マイナーリーグのなかでもっとも有望視されていた、エドガー・ケロ捕手と左腕投手のカイ・ブッシュだった。

あの夜、エンゼルスは2023年を簡単にあきらめずに、大谷とともに本気で勝ちにいくのだという意思を示したことになる。

「われわれはサイコロを転がし、今後どうなるか見守ることになる」

ペリー・ミナシアンGMが、この翌日に声明を出した。そして、エンゼルスとしては大谷を放出することはなく、彼の周りの戦力を固め、上位を目指すのが唯一の道であると明言したのだ。

「ここに特別な選手が1人いて、勝てる可能性があるシーズンを送っている。私にとっては、クラブ全体の実力向上のためできることをやっている。うまくいくかどうかは別として、夜眠りにつくときに〝おい、われわれはやるべきことをやったぞ〟といえる。われわれは勝つ可能性に懸けているから、今後の成り行きが楽しみだよ」

もっとも、懐疑的な一派は、それでもエンゼルスがプレーオフ進出を果たせる可能性は低いと指摘していた。

表向きはプレーオフ進出枠まで3・5ゲーム差だが、3チームを追い越さなければならないのだ。しかも、8月に控えている日程はさらに過酷なものだった。

あの時点で、多くの人が、エンゼルスはジオリトとロペスの獲得に走るべきではない、むしろ、大谷を放出して複数の若手選手を獲得し、長期的チーム強化を目指すべきだと信じていた。

また、エンゼルスは仮に大谷をトレードで放出したとしても、大谷と冬に再契約を目指せるといった人もいた。

どの論も一理あるように見えるが、私自身はエンゼルスが大谷放出の道を選べたとは思えない。もしもエンゼルスが一度、大谷を出してしまったら、冬に再契約できる可能性は皆無だったからだ。

大谷がいちばん望んでいるもの

大谷は何年にもわたり、いちばん大切なのは勝つことだと繰り返していて、エンゼルスとしては複数年で彼と再契約するために、勝ちにこだわっていることを示す必要があった。

プレーオフ出場までまだ3・5ゲーム差しかないのに、２０２３年シーズンを投了した姿勢を見せたならば、彼に対して正反対のメッセージを送ることになる。

そんなことをしたら、このチームは将来、本気で勝つために必要なリスクを冒すのだと大谷に信じさせることができるだろうか。

また、大谷はメジャーにおいてほかのチームでプレーしたことはないのだから、本当に新天地で居心地よく過ごせるのか、彼のなかで疑問符が湧くだろう。

もしも、大谷がトレードされてほかのチームでわずか2カ月だけ過ごすことになったとしたら、なおのことFAになった時点でエンゼルス以外のチームを選ぶ可能性が高まるだろう。

要は、もしエンゼルスが本気で2024年以降も大谷を残したいと考えるのであれば、まず2023年の残りの間ずっと、彼がエンゼルスにいることを保証するのがいちばんということだ。

トレード成立の翌日、大谷はメジャー入りして以来、おそらく最良の日を迎えることとなった。

前日に中止となった試合が組み直されてダブルヘッダーになったが、大谷は第1戦で先発登板し、1安打完封を演じた。大谷がメジャー入りして以来、1試合を完投したのは初めてのことだった。8回を終えた時点で、97球を投じており、普段ならばこれが限界なのだが、彼はネビン監督に直訴した。

「I'm finishing.（僕がこのまま締めます）」

ダブルヘッダー第2戦で、大谷は指名打者として出場し、2本塁打を放った。

「今日の大谷は、ベースボール史上最高の1日だったんじゃないか。すごいことだよ」

タイガースのマット・マニング投手の言である。

この日の意味は、大谷にとってさらに大きなものがあった。

以前であれば、トレード最終期限の時期にはとっくにプレーオフ争いから脱落しており、エンゼルスはメジャーリーガーを放出する代わりに、マイナーリーガーを獲得して将来に備える場合がほとんどだった。

でも、今回は違った。ネビン監督いわく、チーム全体がトレード成立により盛り上がり、大谷を含む全員が意気軒昂になっているというのだ。

試合後に大谷は、ミナシアンGMの打ち手によりチームが勝つことに本気になっているのを感じ取れたか、そして、この先、自分が残るかどうかの決断に影響があったかとメディアから問われた。

「シーズン中は、僕はあまり遠い将来のことは考えていません。今はただ、シーズンに集中して目の前の試合に勝つことだけを考えています。いうまでもなく、僕はメジャーに来て以来ずっとエンゼルスにいます。ここのファンを愛していますし、チームを愛しています。不満はありません。ただ、ファンと僕を応援してくれるすべての人が喜んでくれるようなシーズンの終え方をしたいだけです」

第９章

終わりの始まり

SHO-TIME
2.0
CHALLENGE TO BE THE BEST
IN THE WORLD

わずかに狂い出した歯車

大谷翔平がデトロイトでのダブルヘッダーで大活躍を見せたそのちょうど1カ月前、彼は最高のプレーをしながらもトラブルの兆しを見せていた。

6月27日、大谷は6回1／3を投げ、10奪三振を記録してシカゴ・ホワイトソックスに勝ち、自身の防御率も3・02まで伸ばしていた。

また大谷は、この試合で2本塁打も放ち――登板した日に2本塁打はこれが初めてだった――リーグ首位の28本塁打まで記録を伸ばしていた。

「われわれは毎日、今まで見たことがない現象を目撃しているわけだが、これを当たり前のことだと思ってはいけない。彼の活躍がどれほど特別なことか。そして、この特別な人物が、われわれのクラブハウスに、チームメイトたちに、どれだけの刺激を与えていることか」

フィル・ネビン監督は、そう激賞の言葉を並べた。

この時点で、エンゼルスは44勝37敗で、ちょうどシーズン中間点を折り返したところだった。チームは十分にプレーオフを狙える位置につけており、大谷も再びMVP

級の活躍を続けていた。

この日は、「ジャパニーズ・ヘリテージデー（日本の文化や伝統を祝う夜）」となっており、大谷をこよなく愛する3万3637人の大観衆が「MVP！　MVP！　MVP！」と大合唱した。

「ああいうのを聞くのは、いつだって気持ちいいですよ。もっとうまくなりたいと、さらに意欲を掻き立てられますから」

この時期は、間違いなく、大谷にとってシーズン絶頂期の1つだった。テキサスの4連戦でホームランを4本も量産した試合を消化し、彼のプレーは冴えわたり、エンゼルスも勝っていた。

しかし大谷は、ホワイトソックス戦の登板中に爪を割っていた。爪が割れるだけならそれほど深刻には思えないが、投手にとっては、投球の際に指先でボールを押し出し、自らの希望するスピンをかけようとしたときに、爪の不調は大きな支障となる。もしも爪が割れていたら、痛みのあまり正確に投げることができなくなり、その指から発信された小さな信号の違いがボールの軌道に大きな悪影響をもたらしてしまう。

大谷自身は、爪の問題は深刻だとは思っていないと強調したが、念のため、次の先発登板までは普段より1日か2日余計に休息を入れると認めた。幸い、打撃には影響がないようで、爪を割って降板した直後にホームランを放った。

大谷の次の先発登板は、もともと6日後に設定されており、7月3日の予定だったが、エンゼルスはその次の日に大谷の先発登板をずらした。

「われわれは楽観視しているよ」

ネビン監督は、大谷の爪についてそう語った。

7月4日、敵地サンディエゴでのパドレス戦に登板したが、この日の大谷は明らかにいつもの大谷ではなかった。

速球の平均球速は、普段の97マイル（約156キロ）に達せず95マイル（約153キロ）止まりで、試合でも本調子とはほど遠かった。最後の1球は92マイル（約148キロ）の速球だったが、パドレスのジェイク・クロネンワース内野手に右中間スタンドまで運ばれ、大谷にとってはシーズン2本目の被本塁打となってしまった。

この試合で彼は5失点を許し、試合後に割れた爪に加えてマメの問題もあったことを認めた。

この2つの事象は密接につながっている。というのも、爪が割れると必然的に指の普段とは違う箇所に力が入ってしまうからだ。

「実は、割れた爪は試合前に完治していなくて、試合が進むにつれて悪化してしまいました」

大谷はそう振り返った。それでも、たとえ2試合連続で爪の問題が出てきたとしても、大谷の長期的な状態には大きな影響を及ぼさないだろうというのが、大方の見方だった。

それは、オールスター休暇まで1週間に迫るなか、大谷はオールスターゲームでは登板しないと明言していたからだ。つまり、サンディエゴの惨劇から9日間から10日間は指を休めることができるわけで、オールスターゲーム後、初先発のころには爪もマメもよくなっているはずということだ。

7月14日、大谷は地元アナハイムでのヒューストン・アストロズ戦で先発登板したが、またも落胆をともなう結果となった。

5イニングで5失点を喫し、その後、ネビン監督は大谷の指にまだ「繊細な部分」が残っていると認めた。大谷自身も次の先発前に、

「指がどうなっているか、確認しなければならない」

と認めている。1週間後、大谷の投球内容はまたもよくなく、ピッツバーグ・パイレーツ打線を相手に被本塁打4で5点を失った。

エンゼルスは試合こそ勝てたものの、もはやここまでくると、大谷に何か異常が起こっていることは明らかだった。もっとも、大谷本人はパイレーツ戦後もマメや爪などに「問題はない」と強調していた。

シーズンの重要な節目の時期に、大谷は悪戦苦闘し、そんなときにトレードの最終期限を迎えていた。

エンゼルスは勝っていたため、それだけでも大谷を放出しない理由としては十分だった。そして、プレーオフ進出に向けて何人かの選手を補強した。

ホワイトソックスからトレードで、ルーカス・ジオリトとレイナルド・ロペスの両投手を獲得した翌日は、シーズンのなかでもとくに重要な瞬間だった。

大谷がダブルヘッダーで前述の大爆発をしたからだが、この試合が終わるころにはすでに悪い兆候が出ていたのだ。

ダブルヘッダー第2戦で2本目のホームランを打った直後、大谷の全身に痙攣（けいれん）が発生し、ネビン監督は彼を試合から下げた。

ネビン監督は試合後に、これはたんに暑く湿度の高い日に大谷が、あのような大車輪の活躍をしたからだと語った。

「1日であれだけのことをやっていたんだよ。疲れが出るのは当たり前。すぐによくなる」

同時にネビン監督は、翌日には大谷が先発ラインナップに復帰すると明言した。トロント・ブルージェイズとの大事な初戦のことだ。

当時、ブルージェイズは、最後のワイルドカードの座を争うなかでエンゼルスの3ゲーム差先にいた。

大谷はたしかに先発に戻り、シーズン39本目のホームランを放ったが、8回に平凡な内野ゴロを打った際に、いつものスピードで走れていないように見えた。

ネビン監督はここで彼を試合から下げたが、のちにその原因は、両足に発生した痙攣だと明かした。

皮肉にも、この日の9回に大谷の打順が回ってくることになっており、一打同点の可能性があった。新人のマイケル・ステファニックが大谷の代わりに打席へ入ったが、結局、三振に終わった。

試合後、ネビン監督は、大谷が「100%、行けます」と朝に断言したため、休ませるという考えはその時点でなくなったと明かした。

この時点で、大谷は2日連続で痙攣を起こしたことになり、そのうえ、マメと爪割れの問題も重なっていたが、それでも彼は毎日試合に出続けた。

多くの人は、エンゼルスが彼を酷使しすぎなのではないかと感じていたが、ネビン監督は大谷ならうまくやれる、守備につかないDHなのだから、と主張していた。

「もし大谷が守備につくのなら、話は変わっていたと思う。6日に一度、投手として投げるのは過酷な作業だ。実に多くの労力をともなうことになる。だが、彼はほかの誰よりもエネルギーを温存することに長けている。ほかの誰よりも、本人が自身の体を理解している。だから、彼が何かをする機会を私が奪うことはしたくない。そんなことをしたら、信頼関係も破綻することになる。そんなことをできる人は誰もいないよ」

エンゼルスは、試合に出るかどうかの判断を完全に本人に任せて信頼していた。それこそが、2年以上前に球団と本人の間で交わされた合意だったからだ。

エンゼルス加入後の最初の3年間はビリー・エップラーがGMだったが、チームは大谷の起用に関して強い規制をかけ、同じ日に打撃と投手を務めることはなかった。

また、登板前日と翌日は強制的に休養させた。大谷は疲れていてもそれを球団側には言わないとエンゼルス首脳陣は信じており、彼の健康を維持し、ピークの状態で試合に出すには、強制的に休ませるしかないと信じていた。

それでも２０１８年には負傷し、右肘の内側側副靭帯の断裂により、手術が必要になった。また、その後の2年間にも大小の負傷が続いた。

２０２０年シーズン後にエップラーは解任され、ペリー・ミナシアンが後任のＧＭとして就任した。

大谷は2年連続で故障が続き、かつ不満な成績に終わっており、そもそも二刀流選手として続けていけるのかという疑問符がつけられていた。

ミナシアンは、大谷の最大限の能力を引き出すためには、本人の意思を信じるしかないという結論に達した。

ちょうど都合がいいことに、大谷は冬の間、ハイテク野球練習施設として知られるドライブラインで練習していた。ドライブラインは大谷のテクニックとフォームを修正するだけでなく、彼自身の疲労や強度についても数値化する手助けをしていた。

2021年シーズンに入り、大谷はいつ休養が必要で、いつなら不要なのかを数値で説明できるだけのデータをそろえていた。

大谷の代理人であるネズ・バレロは、2018年に初めてメジャー入りしたときよりも、2021年のほうが自身の活動量を正確に管理できていると断言した。

「ここ3年間で乗り越えてきたもろもろにより、彼は何をすべきかを自ら把握し、自分自身に対して正直になれている」

エンゼルスとしては、大谷が「正直」になってくれることを期待して、2023年7月と8月の、あの暑い日々にマメと痙攣の問題が発生したときも、彼が「正直」に自身の状態を申告してくれるものと信じていた。

それでもチームは、大谷の痙攣に対して1つの策を取り入れた。デトロイトでのあの日から、次の先発登板まで普段より1日余計に空けたのだ。そのおかげで、とくに蒸し暑いことで知られるアトランタでのデーゲームの先発を回避することができた。

代わりに大谷は、その次の日に先発し、エンゼルスが地元に戻ったところでシアトル・マリナーズを迎え撃つナイトゲームを任されることになった。

大谷は4イニングを無失点で乗り切ったが、またも痙攣が発生し、今度は右手の中指だった。そこに異常が発生すると、ボールを握るときに支障をきたすことになる。打者としては試合出場を続け、シーズン40本目となるホームランを放ったが、わずか1週間のうちに三度も痙攣が発生したとなると、エンゼルスとしてもさすがに何かおかしいと考えざるをえなかった。

ミナシアンによると、エンゼルス球団として、右腕に何も異常がないことを確かめるため、大谷にMRI検査を受けてはどうかと勧めたとのことだった。だが大谷はこの検査を断った。当時、世間はエンゼルスが大谷にそんな提案をしていたとか、大谷がその提案を却下したといった話は知らなかった。

1カ月後、代理人のバレロは、当時の大谷はMRI検査の必要性を感じていなかったのだと説明した。現にこの痙攣は、マリナーズ戦で降板したらすぐにおさまっており、直後にホームランも放っていたではないかとのことだった。

「彼は大丈夫だったんだよ。肘には何の問題もなかった。肩もまったく異常なかった。ノープロブレムだったんだ。試合にも出られた。それに振り返ってもらえばわかるが、次の先発登板まで十分に休養をとって97球投げ、ジャイアンツに勝ったではないか」

たしかに大谷はマリナーズ戦の6日後、8月9日のジャイアンツ戦に登板し、6イニングを自責点にはならない1失点のみに抑えていた。

この日は、痙攣もマメもなかったが、それでも試合の後半には激しい疲労感を覚えていたという。大谷はこう振り返った。

「シーズンのこの時期は、疲労がもっともたまると思います。僕だけではないんです。幸い、明日は丸1日休養日です。明日、疲れがどんな感じになるのか。もし余計に1日か2日休みが必要そうなら、(ネビン監督に)直接話します」

その後の数日間、大谷は疲れがとれず、次の先発登板を回避することを決めた。本来なら、敵地テキサスでのレンジャーズ戦に登板の予定だったが、エンゼルスは彼の先発登板を飛ばすことにした。ネビン監督はこう話している。

「彼の体のことは、彼自身がいちばんよく知っている。あちらが直訴してきたら、私はその感覚をいちばんに信用する。痛みはないと私に明言してくれた。ケガもないとのことだ。よくある腕に疲労がたまった状態とのことだ。そういうことをきちんと言ってくれる彼を信頼しているし、次の先発が可能になったら、また言ってくるはずだ」

裏目、裏目に出てしまった結果

大谷翔平の腕の疲労は、エンゼルスの凋落とほぼ同時にやってきた。デトロイトでのダブルヘッダー2連勝という絶頂期から間もなく、事態は急速に悪化し、完全に歯車が狂っていった。

エンゼルスはトロントでのブルージェイズ戦3試合のうち2試合を落とし、しかも、大谷は第1戦で痙攣を発生させ、テイラー・ウォードは第2戦で痛々しいケガを負った。

ウォードは速球をまともに顔へ食らってしまい、粉砕骨折の憂き目にあった。それまでの数週間、エンゼルスでもっとも強力だった打者のウォードが、残りすべての試合を欠場することになったのである。

先発ローテーション強化を目的に獲得したルーカス・ジオリト投手も、加入後は期待どおりの投球にならなかった。ジオリトはシカゴ・ホワイトソックスでの先発21試合で防御率3・79を記録していたが、エンゼルスでの先発登板6試合では6・89と低迷した。

クローザーのカルロス・エステベスは、オールスターゲームで大谷の代理投手としてエンゼルスから出場したが、シーズン前半は冴えわたっていたにもかかわらず、後半は悲惨な結果となった。

エステベスは、大谷が右手中指に痙攣を覚えた8月3日のあの試合で、9回に満塁本塁打を献上してシアトル・マリナーズに敗れた。シーズン23試合に登板したすべてでセーブを記録してきたエステベスが、セーブの機会を台なしにしたのはこれが初めてだった。

シアトルでの試合まで防御率は1・88を誇っていたが、その後は四度のセーブ機会をダメにし、防御率は8・38にまで悪化してしまった。エステベスはもともとクローザーではなく、シーズン後半になって、クローザー稼業がこれほど疲労を蓄積するものだとは知らなかったと率直に認めている。

また、マイク・トラウトも後半戦のほとんどを棒に振った。

7月3日に手の骨を折って以来、1カ月から2カ月での復帰が期待されていたが、8月に一度復帰を果たしたものの痛みがあまりにもひどく、結局は残りの試合をすべて欠場した。

エンゼルスがプレーオフ進出と大谷との再契約に関して自信満々で、わざわざトレードによって選手を補強したのも、すべてはトラウトが8月半ばまでには戻ってきてくれると信じていたからだった。

トラウトがケガをした次の日に、自打球をスネに当ててケガを負ったアンソニー・レンドン三塁手も、結局、試合に復帰することはなかった。

主力選手が次々に負傷者リストに加わって試合に出られなくなると、7月には意気軒昂だったエンゼルスの希望は、8月には急速にしぼんでいた。

月の初めにエンゼルスは、56勝51敗で、プレーオフ出場枠まで3ゲーム差だった。だが、チームは8月の最初の7試合で連敗し、その後は二度と復調することはなかった。8月の終わりには64勝70敗となっており、プレーオフ争いから完全に脱落していた。

惨めなことにミナシアンGMは、ベテラン選手6人をウェーバー（契約解除）にかけ、この選手の年俸を支払うことに同意できるチームならば、どこでも彼らを獲得できるようにするという驚きの一手を打った。これは単純に財政上の決定だった。

エンゼルスがチームに刺激を入れるべく、7月後半にトレードを仕掛けたとき、チームの年俸総額は、決められた上限を超えた額に対して課せられるペナルティ税、俗にいう〝ぜいたく税〟の枠となっている2億3300万ドル（約337億8500万円）をわずかながら超えた。

この高額予算チームに対する課税制度は、大きなマーケットを抱えるチームがカネを使いすぎて、小さなマーケットしかもたないチームが競えなくなることを防ぐために導入されたものだ。

ロサンゼルス・ドジャースはいうまでもなく大きなマーケットを抱えているが、エンゼルスは長年にわたりぜいたく税の枠を超える出費に消極的だった。

今回は、大谷との契約の最終年に、何としてもプレーオフ進出を果たすために、必要と信じてこの掟を破った。だが、8月のエンゼルスは低迷するばかりで、プレーオフ争いからも完全に脱落し、せめて財政面だけでもこの方針を逆戻りさせようとしていた。

エンゼルスがウェーバーにかけた6人の選手たち――レイナルド・ロペス、マット・ムーア、ドミニク・レオーネ、ジオリトの各投手、それから外野手のハンター・レンフローとランダル・グリチェク――は、シーズン終了後にFAになるので、2024

年のエンゼルスにいないことは確実だった。

この6人の選手に支払うべき2023年の年俸残額は、約700万ドル（約10億1500万円）だった。

メジャーの残り29球団は、それぞれこの6人の選手をウェーバーで獲得できる可能性があった。もしも、複数球団がある1人の選手を欲しがった場合、勝敗成績がもっとも悪いチームに優先権が与えられる。

8月1日以降のトレードは認められていないので、エンゼルスは見返りに選手を獲得することはできなかった。エンゼルスはただ彼らの年俸支払いを抑え、ぜいたく税の課税から逃れたいだけだった。

最終的に、6人の選手のうち5人に買い手がつき、エンゼルスはその課税ラインから約3万ドル（約435万円）少ない額に出費を抑えることができた。

これと並行して、ぜいたく税問題は大谷の去就に直結していた。

エンゼルスは大谷と2024年以降の再契約を熱望していたが、もし確実視されていた史上最高額契約で大谷を引きとめることになると、必ずぜいたく税の課税対象になる。2年連続でぜいたく税の課税ラインを超えると、エンゼルスに課税される金額は、初めてぜいたく税枠を超えたときよりも高額となる。

だからこそ、2023年にこのライン以下に出費を抑えることは、エンゼルスの2024年以降のことを考えれば重要であり、数百万ドル単位の節税が可能になるのだ。大谷を引きとめられなかった場合も、エンゼルスはぜいたく税の余波を受けることになる。

大谷がFAとしてエンゼルスを退団することになったら、エンゼルスは補償としてドラフト指名枠を余計に1つ与えられるが、ぜいたく税課税の対象かどうかによって与えられる指名順位が大きく変わってしまうのだ。もしも超えていた場合、指名順位は60番ほど落ち、2巡目の指名から4巡目の指名に下がってしまう。

7月末の時点でこんな2024年を予期していたはずがなく、あのころはまだ2023年への希望に満ちあふれていた。

大谷本人も含め、あまりに多くのことが1カ月のうちに様変わりしてしまったといえる。

責任の所在はどこに

8月9日のサンフランシスコ・ジャイアンツ戦後の大谷翔平は、2週間は登板することもなく、最初の1週間はいっさい投げることすらなかった。

エンゼルスが長い遠征から戻ってきた8月18日、大谷は再び先発登板に向けて準備を始めた。ネビン監督に対しても、8月23日のダブルヘッダーの予定になっていたシンシナティ・レッズ戦には間に合うと伝えていた。

大谷はダブルヘッダー第1戦に先発登板した。水曜午後の試合で、ナイトゲームほどの観客は集まっていなかった。もうこの時点までにエンゼルスはプレーオフ争いから脱落しており、唯一の関心事は大谷が「疲労問題」から回復し、普段のピッチングができるかどうかだけだった。

だが、試合開始後に大谷が投げた初球は球速91マイル（約146キロ）の直球で、普段より明らかに遅かった。このイニングを三者凡退で乗り切ったが、最速でも94マイル（約151キロ）にとどまった。

大谷は2回もマウンドに戻ってきたものの、球速は相変わらず出ていなかった。

このイニングの11球目、試合全体で見ると26球目に94マイル（約151キロ）の速球を投じ、打者クリスチャン・エンカーナシオン＝ストランドの打球はファウルになった。大谷はそれからエンゼルスのダグアウトに視線を送り、首を振りつつネビン監督に目配せした。監督は即座に、筆頭アスレチック・トレーナーのマイク・フロスタッドをともなってマウンドに向かった。大谷が降板するまで、多くの会話はなかった。

当初、エンゼルス側は大谷が降板したのは「疲労」のためだと説明していた。だが、さすがの大谷も、今度ばかりは検査を受け入れた。

診断結果は内側側副靱帯の断裂で、必然的に投手としての今シーズンは終了した。

そのような衝撃的な悲報があったにもかかわらず、大谷はそれでもダブルヘッダー第2戦に出場することを選び、チームメイトに彼の強靱なメンタルを見せつけた。

そういえば、大谷は2018年にトミー・ジョン手術が必要と診断されたその日に、2本のホームランを放っていたことで広く知られている。

「彼の精神的回復力とゲームに対する献身ぶりは、あらためて称賛されるべきだと思うね」

そう語ったのは、1カ月前に大谷とチームメイトになったばかりのルーカス・ジオリトだった。

「チームに身を捧げていて、チームが勝つためにありとあらゆることをする覚悟ができている。（ケガの）一報を聞いて、仮に彼が何日か休養すると決めたとしても、責める人も驚く人もいないだろう。それが当然の反応だからね。だが、あの男は、〝大丈夫だよ。ちょっと打ってくるから〟と言って本当に打ってきた。ちょっと考えられないくらい特別だね」

エンゼルスが大谷の負傷を発表したあとに、チームは大きな批判にさらされることになった。

多くの人々が、大谷が痙攣や疲労に襲われたときのことを振り返り、エンゼルスはこの時点で大谷に登板をやめさせるべきだった、たとえ、本人が投げられると言っていたとしてもだ、と主張した。

ミナシアンGMは反論の一環として、そういった問題は最終的に判明した大ケガにつながっていなかったと主張した。

「彼は今まで何の不満もこぼしたことがなかったんだ」

ミナシアンはそう言って続けた。

「痙攣はあった。脱水症状もあった。だが、今日の試合で初めて彼から〝すみません、肘に痛みが出ています〟と訴えてきたんだ。われわれが彼の痛みについて聞いたのは、今日が初めてなんだよ」

ミナシアンは大谷の起用法について、エンゼルスは2021年以来の原則を貫いており、試合に出られるかどうかは完全に本人に任せているとした。

「われわれのここ3年間の関係性は、コミュニケーションと信頼に基づいていた」

そうミナシアンは続けた。

「われわれは彼を信頼する。彼もわれわれを信頼している。われわれは彼の言葉に耳を傾ける。彼は自身の体のことを知っているし、自らの立ち位置を理解している。休養が必要なのか、先発登板を1回飛ばすべきなのか。そういう彼の言葉をわれわれは受け止めていた」

そして、ミナシアンが付け加えたのは、医師団からの情報によると、大谷の負傷はおそらくレッズとの最終戦で発生したもので、それ以前ではないということだった。

大谷の負傷が発生したあとに、エンゼルスは事前に彼の登板をやめさせるべきだったと信じるファンが、アメリカと日本の両国にわたり広く存在していたが、そうとは言い切れないと、少なくとも１人の専門家が主張する。

ジョシュア・ダインズ博士は、整形外科医としてニューヨークの特別手術専門の病院で日常的にメジャーリーグの選手たちを診断治療している。彼に言わせると、投手が痛みがないと言っている間は、たとえ、ＭＲＩで多少の異常が見られたとしても投球を控えさせる必要はないそうだ。

「メジャーリーグの投手の90％は、ＭＲＩを見れば正常な靱帯なんかもっていません」

ダインズ医師は、自身が大谷の診断を担当していないため、一般論としてこう語った。

「もしも、ＭＲＩをやって靱帯が正常に見えないとして、では、どうするのですか？もしなんの症状も訴えていないなら、それでも投球を辞めさせるのですか？　そんなことをしたら、野球界に投手なんか１人もいなくなってしまいますよ」

大谷はこの間、ひたすら沈黙を貫いた。８月９日のジャイアンツ戦後に記者との質疑に応じたが、その後は４カ月以上にわたり、決して語ることはなかった。自身が求めた休養についても語ることはなく、レッズ戦のあれこれについても語らなかった。

情報開示しようとしないこの時期の大谷の姿勢に、エンゼルス球団の一部が不満を示した。というのも、球団が地球上の両面、つまり、アメリカと日本の両国の幅広い層から強く批判されていたからだ。

負傷判明の数日後、ミナシアンは記者団を呼び出して、即席の記者会見を開き、大谷が月初めにＭＲＩ検査の提案を断っていたことを明かした。大谷の代理人が、ミナシアンに対して、この情報の開示を認めたのだという。

ついに、バレロ代理人が――まさに大谷の代理人として――口を開き、負傷から約2週間後に初めてエンゼルスタジアムのスイートルームの一室で記者団に応対した。

まずバレロが明言したのは、彼も大谷本人も、今回の負傷を引き起こしたとされるエンゼルスの起用法に関して、責任を問うつもりはないということだった。

「チームはよくしてくれました。エンゼルスに非はありません。多くの人は、彼が故障したという事実に対して、周囲がなぜその兆候に気づかなかったのかと責めようとします。しかし、今回の事例は、それには当てはまりません」

それからバレロが念を押したのは、ケガをしてしまった今も、大谷の精神状態は非常によいということだった。大谷には手術が必要になる、そうバレロは明言したが、関係者全員が2024年シーズン開幕までには打てるようになるし、2025年開幕には投げられるようになると確信していると付け加えた。

バレロが報道陣と対話しているのと同時に、大谷はフィールド上にいて、いまひとつすっきりしないシーズン終了を予感させる行動をとっていた。

9月4日、大谷は珍しく球場で打撃練習をしていた。それは報道関係者がほぼおらず、バレロが話すスイートルームに集まっていて、衆目が集まらないからではないかと多くの報道陣は疑っていた。それでも何台かのカメラが大谷の動きを追っていた。

大谷はバッティングケージを出て、ダグアウトの階段のところまで歩み寄り、メディカルスタッフの問診を受けていた。

報道陣がバレロとの質疑応答を終えると、エンゼルスは、大谷が腹斜筋のハリを訴えたため先発から外すと発表した。チームは深刻な症状ではないとし、翌日には復帰できるのではないかとの見通しを示していた。

次の日になったが、大谷の名前は先発メンバーに入っていなかった。

ネビン監督によると、大谷は今日試合に出られると言っていたとのことだったが、監督の決定事項として、大谷の意志に反し欠場を決めたという。

これは特筆すべき声明だった。夏の間ずっと、ネビン監督はすべて大谷の意志に任せている、彼の判断を信用していると言い続けていたからだ。いうまでもなく、この方法にしたがった結果、大ケガを負っていた事実があった。何日にもわたり、エンゼルスは大谷の腹斜筋が回復して先発の打順に戻ってくる日を、首を長くして待っていた。

毎日、大谷が先発から外れるたびに、ネビン監督は「大谷は回復に向かっていて、次の日には試合復帰できるのでは」と繰り返していた。このやり取りが何日も何日も繰り返されるうちに、もはやこの問答は滑稽になっていった。

9月10日、エンゼルスのホーム連戦最終日に大谷が7試合連続欠場した時点で、ネビン監督は、大谷がシアトルでの次の試合には、「出られそうな可能性が高い」と言明した。たしかにその言葉どおり、大谷は月曜午後の試合で先発表に名を連ねていた。

そして、その約1時間後、彼は再び先発ラインナップから外された。大谷はバッティングケージに入って何本かスイングしたが、そこでまだ試合に出られる状態ではないと判断したのだ。

この一件のあと、ネビン監督は大谷がいつ復帰するかの見込みや、自身の考えなどについても明かさなくなった。

9月12日の試合前、大谷の欠場も9試合連続となっていたが、ネビン監督自身が大谷復帰に関する質問に嫌気がさしており、ファンに混乱をもたらしていると認めた。監督自身にも鬱憤がたまっていた。

「私だって、ファンが彼を目当てに球場へ来ていることくらいわかっているよ。とくにホームの試合ではね」

ネビン監督はこう語った。

「私だって鬱憤がたまっている。当然だろう。欠場当初のころは、こんなに長引くなんて誰も思っていなかった。彼自身〝1日か2日休めば試合に出られます〟と言っていたよ。だから、私も君たち（報道陣）にそう話したんだ。だが、事態はわれわれの誰もが思っていたよりも長引いている。でも、復帰は近いと私は信じているんだ。とにかく、あちらから『今日は試合に出られます』と言ってくるのを待つばかりだよ」

それからまた数日が経ち、エンゼルスは9月15日に本拠地へ戻ってきた。

大谷は再び、短時間のワークアウトをこなし、プレーできる状態かどうかを確かめた。まだよくなっていないとのことで、彼は再び先発から外れた。

ロッカールームでの紳士協定

この数時間後、エンゼルスはデトロイト・タイガースに2－11で惨敗し、記者一同はクラブハウスに入って、面白みのない取材を短時間で切り上げるはずだった。

あの時点で、試合結果が何の意味ももたない消化試合になってから数週間が経っており、普通なら報道陣は1人か2人の選手だけ捕まえて、つまらない質問をして5分か10分で退出するはずだったのだ。

だが、この日、記者団は大谷のロッカーの中身が完全にまとめられているのを目にした。何枚かのシャツとズボンはまだ吊るされていたが、バット、靴、そのほか個人の備品はすべて撤去されていた。ロッカーの前に鎮座するのは完全にまとめられたダッフルバッグ1個だけで、ロッカーに入れてあったものが、この中にまとめられているにちがいなかった。

私も空っぽになった大谷のロッカーを直接目撃した1人であり、何があったのか、チームの広報担当者の2人に問い合わせた。

そして、その場にいた記者全員が、この一件についてはエンゼルス側からの説明があるまでは報道しないという協定を結んだ。きちんとした説明がなければ、ファンはあらぬ方向の結論に飛びついてしまうだろうと思ったからだ。

私が考えたのは、大谷はたんに今シーズンを終了にしたということで、それ自体は大きな驚きではなかった。すでに、腹斜筋のケガは2週間近くまで長引いており、肘の手術が必要なことも約1カ月前からわかっていた。

だが、エンゼルス側からの公式声明がない限り、ファンからは大谷がチームを見捨てて職場放棄したように見えてもおかしくない。エンゼルスに対して何か怒りを抱いているのか。もう、エンゼルスとの再契約はないと固く決意しているのか。

記者団は約30分間、空っぽのロッカーの前で立ち尽くし、エンゼルス側がわれわれに対して何か声明を出すのを待っていた。最終的に、エンゼルスの担当者は、翌日に事情を説明すると言ってきただけで、その晩にはそれ以上の追加情報は出てこなかった。そこでわれわれは、現時点でわかっていること、つまり〝大谷はロッカーを整理して、片付けた〟ということを報道した。

予想どおりというべきか、世界中の野球ファンが手っ取り早い結論に飛びつき、勝手に決めつけていた。なかには、大谷がチームを出て行ったと批判する人までいた。

翌日、ミナシアンが記者会見を開いて状況説明をした。

「大谷の腹斜筋は試合前の練習でもいまだに問題を抱えたままなので、医師の診断を受けた」

この担当医師は、彼の腹斜筋はシーズン終了までの残り2週間で回復する見込みはないので、すぐに肘の手術にのみ集中することにしたのだという。

「悪意とか険悪なものは、何もないよ」

ミナシアンが、大谷の早い出発について語った。

「べつに言うほどのストーリーもない。たんに彼のシーズンが終わったというだけだ。今の彼は、シーズンが終わったから、2024年シーズンの準備にのみ集中している。彼の思考回路とはそういうものだよ」

ミナシアンは同時にこの場で、「大谷は戻ってくる」と明言した。その晩、試合開始の際に、大谷はダグアウトに入っていて、何もなかったかのようにチームメイトたちと談笑し冗談を言い合っていた。

次の日も再び試合中、彼はダグアウトに姿を現した。それからエンゼルスはシーズン最後の遠征に出ることになり、行き先はタンパベイとミネソタになるのだが、大谷は肘の手術を受けることになった。

大谷はユニフォーム姿で球場にいて、再びシーズン最終戦には戻ってきたが、右腕には三角巾がつけられていた。

エンゼルスのファンは、彼がエンゼルスの最優秀選手賞に選ばれ、受賞のためフィールドに姿を現したときに、これが最後かもしれないと、あらためて彼の存在に感謝する歓声を送った。たとえ、大谷が最後の1カ月を欠場していたとしても、本塁打数はリーグ1位の44本で、日本人選手としては史上初のホームラン王は確定だった。

そして、打率も自己ベストの・３０４を記録し、ＯＰＳの１・０６６はメジャー１位だった。彼の打撃成績は全体的にＭＶＰを獲得した２０２１年を上回っており、投手成績も、ほぼあの年に匹敵するものであり、投球回数１３２で防御率３・14だった。

これだけの数字がそろっていれば、大谷が満場一致のＭＶＰに選ばれる可能性は十分で、これが実現すれば、メジャーリーグ史上初の二度、満場一致でＭＶＰに選ばれた選手となる。

もはや驚くようなことではなかった。大谷がＭＶＰを受賞することは、疑いの余地がなかった。だが、彼の将来については疑問符だらけだった。

第10章

もう1つの挑戦

SHO-TIME
2.0
CHALLENGE TO BE THE BEST
IN THE WORLD

復帰までのロードマップ

エンゼルスのペリー・ミナシアンGMが、大谷翔平の内側側副靱帯の「断裂」を発表するやいなや、野球を少しでも知る者なら誰でも、彼の直近の未来がどうなるかは理解できた。

まずは手術だ。2018年に、エンゼルスが初めて大谷の内側側副靱帯、つまり、肘において投球でもっとも重要な役割を果たす靱帯の断裂を発表したときと同じことだ。

野球の上手投げは、そもそも人間にとっては不自然な動きであり、しかも、投手があれほどの球速を出すためにその動きを繰り返し続けていると、必然的に肘の靱帯を痛めることになる。

野球の歴史上、何十年にもわたり、内側側副靱帯の断裂はそのまま投手生命が絶たれることを意味していた。

だが、1974年に、フランク・ジョーブ博士が、この靱帯を取り換える手法を編み出したことにより、投手に一筋の希望の光が与えられた。

第1号として手術を受けたのが、ドジャースの左腕投手、トミー・ジョンだった。

ジョーブ博士はジョン自身の体にある腱を取り出して、彼の肘に移植し、断裂した靱帯の代わりとしたのだ。

手術は成功し、以来、この革命的手術に最初の患者の名前がついて今に至っているわけだ。

それからというもの、数百人単位の投手がトミー・ジョン手術を受け、大部分は復帰して負傷前と同じレベルの投球を取り戻してきた。

大谷はむしろ、手術前より復帰後のほうがよくなった1人だ。2018年のトミー・ジョン手術以前よりも球速が増し、機能性も上がった。

トミー・ジョン手術の成功率は非常に高いが、だからといって半永久的な万能の解決策というわけではない。手術から復帰した投手は、以前と同じように腕へ負荷をかけるわけで、再建された靱帯が再び断裂してしまう恐れは十分にある。

これがまさに、8月23日のシンシナティ・レッズ戦で先発登板して再び靱帯が断裂していることを知らされた大谷が直面した事態だった。

最初の手術のときは大谷がまだメジャーの新人選手で、年俸も最低額に近く、チームは少なくともあと5シーズンは彼の保有権を持っている時期だった。

だが、今回の大谷は、数カ月後にFAを控えており、億単位のドルが動く契約が結ばれるのは確実である。大谷の肘関連の情報をエンゼルスが出す代わりに、大谷側の代理人であるネズ・バレロが慎重に発信した理由でもあった。

負傷が発覚してからの数日間、エンゼルスが当初の声明で発表した「2023年には、もう登板しない」という一報に続く最新情報は出なかった。

負傷後、2週間近く経ち、ついにバレロは大谷に「加療が必要」であることを認めたが、具体的な点については明言しなかった。

9月19日、つまり、腹斜筋が原因で打者としての大谷もシーズン終了となった日に、大谷はついに手術へ踏み切り、バレロのオフィスもいまひとつはっきりしない声明を出した。

2018年にも大谷のトミー・ジョン手術を担当したニール・エラトロッシュ博士が、再び今回の手術を担当し、同医師の言葉がバレロの声明の中で引用されている。

「最終的なプランとしては、ショウヘイとの詳細な討議の結果、手にある組織を取り出し、健康な靱帯として再建しつつ、肘の寿命を延ばすためにさらに組織を加えていく。私は完全な回復を確信しており、2024年開幕のころには制限なく打撃ができるようになり、(打つことと投げることの) 両方ができるようになるのは2025年を見込んでいる」

この声明のなかに、「トミー・ジョン手術」という言葉は入っていなかったが、エラトロッシュの声明を聞いた医師はみな、大谷が二度目のトミー・ジョン手術を受けるのだと確信した。

最初に目につくのが、「さらに組織を加える」という言葉だ。つまり、体のどこかからか組織を取り出して肘に移植する、つまり、トミー・ジョン手術の趣旨そのものだ。また、もう1つ、今後の予定として、大谷は2025年までは投げないと明言している。

「これがたんなる修復手術なら、だいたい6カ月から8カ月くらいで復帰するわけです。ということは、2024年シーズン中に復活できることになる」

そう語るのは、ニューヨークの特別手術専門病院でスポーツ外科手術医を務めるジョシュア・ダインズ博士だ。

「2025年シーズンについて言及している事実を見ると、回復期間として16カ月から18カ月を設定していて、これこそが、元がどこであれ身体のどこかから腱を取り出して肘の靭帯として移植するという、トミー・ジョン手術の特徴そのものを表している」

ゲイブ・ホーネフ博士は、ペンシルバニア大学ペレルマン医学部の肩および肘の担当ディレクター医師だが、同じくエラトロッシュ博士の表現がトミー・ジョン手術そのものであると述べた。

ホーネフとダインズは同時に大谷の手術にインターナル・ブレースという新しいテクノロジーも含まれている点も指摘した。

ジェフリー・デュガス博士は、アンドリューススポーツ医学整形外科センターの外科医であり、数年前にこの新手法を開拓した。

デュガス博士は、再建された靭帯を強化するために、特別な種類の医療用テープを用いた。このテープはコラーゲンでコーティングされており、体の一部を使っている点は同じだが、テープ周りの組織がさらなる強度を与えることになる。

ダインズ博士によると、インターナル・ブレースが実際の組織の移植に代わりとして使われたかどうかを判断することはできないという。現時点では、あくまでも補強材料として、「ベルトとサスペンダーを着けたようなもの」だとダインズは言う。

「われわれとしては、まだこれが万能の解決策と言い切るには至らないが、同業者と話していても、この手法が広まりつつあるのは確かだ。あと数年のうちに、どのような結果が期待できるのか、ある程度、方向性が見えてくると思う」

ホーネフ博士によると、大谷の肘にインターナル・ブレースを使用することで、回復期間がわずかながら早まる可能性があるという。

これも声明で示された時間軸と合っている。

大谷は2018年のトミー・ジョン手術後、7カ月は実戦で打撃ができなかったが、エラトロッシュ博士の声明では2024年シーズン開幕には打撃ができるようになると明言しており、つまり、今回は6カ月で復帰できる計算になる。

ただ、ここでさらに重要なのは、大谷が投手としてどのように復活するかということだ。ダインズ博士に言わせると、一般論として、二度目のトミー・ジョン手術を受けた投手は、一度目の手術後ほどには戻らない。なぜなら、当たり前の話だが、投手本人が年齢を重ねているからだ、という。

さらに、医師が二度目の手術を執刀するときには、すでに一度取り替えられた組織や骨の構造を再びいじることになる。

医師は新しい組織を移植するために骨にドリルで穴を開けるわけだが、二度目になると、また新しい穴をドリルで開けなければならない。

二度目のトミー・ジョン手術に関して、「予後は確実に一度目より見劣りする」とダインズ博士は断言する。

「投手としての大谷を見ると、率直に言って一度目の手術後のような結果は期待できないだろう。もちろん、彼が特別な存在であることは誰もが知っているとおりで、もしも、私の推論が間違っているとするなら、彼自身が証明してくれるだろう」

ホーネフ博士は、手術後の投手が手術前と同じレベルに戻ることは可能としたが、ただ、長年にわたってそのレベルを維持することはできないという。また、1試合で以前ほどの球数は投げられなくなる可能性が高いという。

「つまり、投手としての耐久時間が今後は問題になるということだ」

復帰して活躍している選手たち

メジャーリーグでトミー・ジョン手術を受けた投手の事例数は数百に及ぶが、手術を二度繰り返した投手の数になると数十人に絞られる、とトミー・ジョン手術を研究するジョン・ローゲルは自身のデータベースに基づいていう。

二度目の手術を受けた大部分の投手は、特筆すべき実績をあげたわけではなく、だいたいメジャー戦線脱落の寸前に、それでも投げ続けるために最後の悪あがきの一環としてやった者だという。

二度目のトミー・ジョン手術後、再び一流先発投手として数年間の実績を残している唯一の選手が、テキサス・レンジャーズの右腕、ネイサン・イオバルディだ。

大谷も、イオバルディの足跡を追う最有力候補の1人だ。そのほかの候補者としては、同じくレンジャーズの右腕、ジェイコブ・デグロムやロサンゼルス・ドジャースの右腕、ウォーカー・ビューラー、タンパベイ・レイズの左腕、シェーン・マクラナハンがいる。

全員オールスターゲーム出場の実績があり――デグロムに至っては、2年連続でサイ・ヤング賞受賞も果たしている――2024年開幕の時点で、二度目のトミー・ジョン手術からのリハビリに励んでいることになる。

イオバルディは、完全な回復が可能だと証明する絶好の事例だ。

彼が初めてトミー・ジョン手術を受けたのは17歳のときだった。イオバルディは高校卒業後にドジャースにドラフト指名され、2011年にメジャー初昇格を果たした。約6年間をメジャーで過ごし、2016年に内側側副靭帯を再び断裂するまで、ドジャース、マイアミ・マーリンズ、ニューヨーク・ヤンキースで投げていた。

イオバルディは、リハビリの最中にFAとなった、2023年から2024年にかけての冬市場の大谷と同じ状況だった。タンパベイ・レイズがオプション付きの1年契約を結び、彼の復活に懸けた。2017年には投げられそうになかったが、2018年には彼が復活することを期待していたのだ。

イオバルディに言わせると、以前の経験があったため、リハビリについて「より準備と覚悟ができていた」ということになるが、彼が設定した目標は、通常の16カ月から18カ月ではなく、10カ月で実戦復帰することだった。

2017年シーズン閉幕のころには投げられたとイオバルディ自身は言っていたが、レイズがプレーオフ争いから脱落していたため、チームは2018年まで彼を待たせることにした。

2018年の開幕時、イオバルディはまたもケガを負い、小さいながら手術が必要となった。レイズの投手として実戦登板できたのが5月終わりのことだったが、復活の際には、28歳の一投手として負傷の後遺症などはいっさい感じさせなかった。シーズン初先発登板となった5月30日のオークランド・アスレチックス戦を、6回無安打に抑えた。

イオバルディは、レイズでの先発登板10試合で防御率4・26を記録、その後、ボストン・レッドソックスにトレードされた。ボストンでの残りシーズンで防御率3・33を記録し、レッドソックスのワールドシリーズ制覇に大きく貢献した。

それもあってレッドソックスは、あらためて4年6750万（約97億8700万円）ドルで彼と再契約した。この契約期間中に防御率4・15を記録し、2021年にはオールスターゲーム出場も果たしている。

その後、今度はレンジャーズが2023年シーズン前に2年3400万ドル（約49億3000万円）の契約を結び、彼は再びチームのワールドシリーズ制覇に大きく貢献した。

まとめると、イオバルディは二度目のトミー・ジョン手術後の5シーズンで、通算防御率3・98を記録していることになる。また、イオバルディの速球の平均球速は97

マイル（約156キロ）、つまり二度目の手術前とほぼ同じ水準に戻っている。イオバルディの先発登板の119試合という記録は、二度目のトミー・ジョン手術後の投手としては最多の数字である。

もう1人だけ、二度目のトミー・ジョン手術以降に100試合以上の先発登板を果たしたのが、左腕投手のクリス・カプアーノだ。2010年に31歳で二度目の手術から復帰し、その後の7年で、通算防御率4・37を記録し、109試合に先発登板。それに加えて83試合で中継ぎ投手として登板した。

右腕投手のジェイムソン・タイヨンも、二度目のトミー・ジョン手術後の回復は順調だ。22歳でまだマイナーリーグ投手だったときに初めてのトミー・ジョン手術を受け、二度目は27歳のとき、メジャーリーグ昇格後に受けた。29歳で復活を果たしたあとは、3年間フルシーズン投げ切り、90試合に登板して防御率も4・33だ。ただ、タイヨンの場合、二度目の手術後に球速が平均95マイル（約153キロ）から93マイル（約150キロ）に落ちたのもまた事実だ。

希望的観測ともいえるが、球界全体が期待しているのは、デグロムやビューラー、マクラナハン、大谷といった一線級の投手たちが、いつの日か、二度目のトミー・ジョン手術後に復活できるという明るい事例になってくれることだ。

だが、現時点においては、二度目のトミー・ジョン手術を全盛期に受けた先発投手の絶対数がまだ少なく、今後、こういった名投手たちがどこまで回復できるのかを予測するのは難しいというのが本当のところだ。

確率がどうであれ、誰もが大谷の完全復活を心待ちにしている。イオバルディも大谷の禁欲的な労働倫理を見ると、間違いなく一流投手として復活できると信じていると明言した。

「彼と一緒にプレーをしていたヤツらに聞いたけど、とんでもない練習と献身ぶりだとのことだ。そこまでやっていなければ、あんな大成功をできるはずがないんだ」

ミナシアンも、大谷の診断結果を発表したその日に、この二刀流選手がもとの能力を取り戻して復帰することを確信していると断言した。

「もしも、誰が復活するか賭けるとするならば、あの男しかいない。間違いなく彼は帰ってくるし、（投打の両方で）超一流のレベルを取り戻せるよ」

第11章

世界一のため
新天地へ

SHO-TIME
2.0
CHALLENGE TO BE THE BEST
IN THE WORLD

大谷の市場価値

大谷翔平が2021年に空前絶後の大活躍を見せたときから、FAの資格を得る2023年終わりの狂騒曲につながる種は、植え付けられていたといえる。2021年まで、大谷はメジャーでも大した実績を残しておらず、FAうんぬんも大きな懸案になることはなかった。

あの衝撃的なシーズンでさえも、終わってみればエンゼルスはいつもどおり負け越していた。大谷はちょうどそのころ、

「勝つことこそ、僕にとっていちばん大切なこと」

という忘れられないコメントを残したのだ。

あの日以来、エンゼルスと大谷の間で、1つの課題がずっと付きまとうことになった。エンゼルスは残留するよう大谷を説得しなければならないわけだが、そのためには、たんにお金を積む以上の何かが必要だった。

つまり、勝たなければならないということだ。

2023年シーズン終了の時点で、エンゼルスはこの課題において落第した。20

21年の負け越しシーズンが2022年の惨敗につながり、さらに、2023年も負け続けた。球界関係者の大部分が、大谷の退団を確信していた。

そして、あの時点で次に関心事となるのは、彼がどこの球団へ行き、年俸がいくらになるのかだった。この両方を、野球ファンとメディア関係者のどちらも同じように話題にしていた。

推測はここ何年間かずっと続いていたが、2023年シーズンがついに終わると、予測される金額はさらに大きくなっていた。

「野球界全員が見守っていて、野球ファン全員も興味津々だよね」

そう語ったのは、ミネソタ・ツインズの野球部門最高責任者のデレク・ファルビーで、ワールドシリーズ終了の1週間後に開催されたGM会議の場だった。

「今後、どんな展開になるのか楽しみだよ。なかなかお目にかかれない状況だからね」

FAが誕生したのは1975年で、以来、この制度はチーム以上に選手に対して多くの利益をもたらすように仕組みがつくられてきた。FAの権利を得る選手は、少なくともメジャーリーグに6年間在籍しなければならず、そんなプレミア感がともなう選手の供給数は、つねに需要より少なく、だからこそ年俸はうなぎのぼりとなる。

1979年に、のちに殿堂入りするノーラン・ライアン投手が、初の年俸100万ドル（約1億4500万円）超えを達成した。同じく、のちに殿堂入りするマイク・シュミット三塁手が、1985年に200万ドル（約2億9000万円）の壁を打ち壊し、そのわずか10年後にセシル・フィルダー一塁手が、年俸900万ドル（約13億円）の屋根をも突き破った。

2023年までに、右腕投手のマックス・シャーザーが最高年俸を受け取っていて、具体的には3年4333万3333ドル（約62億8333万円）となっているが、多くの人は大谷がこの記録を破ると確信していた。理由は単純で、彼が一流投手と一流打者を兼ねているからだ。近代野球史上、こんな前例は1つもない。

しかし、事態は8月に複雑化してしまう。大谷に内側側副靱帯の断裂が発生し、二度目のトミー・ジョン手術が必要となったからだ。

こういう選手にいくらの価値があるか決めるのは、それだけでも難しい。さらに、手術という要素が加わり、査定が困難になった。

「私にはまったくわからないな」

GM会議の最中に、匿名を条件に、あるナショナル・リーグの関係者がつぶやいた。

「私自身、彼がケガする前にいくらくらいになるかという個人的見解はあったのだけど、今回のケガでどこに行くか、いくらになるのか、まったくわからなくなってしまった。ただ、彼が3億ドル（約435億円）を手にしようと8億ドル（約1160億円）を手にしようと、私から言えるのは〝そりゃそうだろう。もらって当然だ〟という感想しかない。どちらにせよ、楽しみだよ」

圧倒的実績と健康問題を超えたところで、大谷は利益を生み出せる男としての異次元の力もある。

大谷は世界的なスーパースターで、彼がチームに加わるだけでチケットの売り上げが激増するのは確実だった。そして、大谷が加われば、日本からさらなるスポンサー企業が増加するのも間違いなかった。

エンゼルスタジアムは日本企業の広告で埋め尽くされており、すべて日本向けに中継される試合の視聴者と、大谷を見るために球場へ足を運ぶ日本人観戦客向けだった。ギフトショップに行けば、大谷の名前と顔が入ったアイテムが満載だった。

エンゼルスはこれまで、大谷のおかげでどれほどの増収があったのか公表したことはなかったが、だいたい年間1000万ドルから2000万ドル（約14億5000万円から約29億円）と見られていた。

それらのもろもろの要素を加味して大谷の正規な市場価格を出すことが、これから彼を獲得しようとするチームに託された。しかし、ある経営陣は「正規な市場価格」という概念自体が的外れだと指摘した。

「見ればわかるように、もはや、市場は選手の価値そのものを気にしなくなっている」

サンフランシスコ・ジャイアンツの野球運営責任者であるファルハン・ザイディが、GM会議で漏らした言葉である。

「今や市場そのものが命を吹き込まれている。それぞれ違うチームが、ある選手に対してさまざまな評価をするわけだが、最終的には入札額を書いた札をバケツに放り込むしかない。そこで、とくにほしいフリーエージェント選手を最優先にして価格を決めていくわけだ。だが、多くのチームがその選手に興味を抱いている。そして、選手が選べるチームは1つだけだ。どうしてもほしい選手を獲れなかったからといって、簡単に次の残り95％の誰かに移るというわけにはいかないんだ。選手と契約できるか、できないかのどちらかしかない」

メディアとファンの予想合戦

大谷翔平を語るうえで、プライバシーの重視は大きな部分を占めている。

1対1のインタビューはほとんどすべて断り、集団での取材にのみ応じて、野球関連の質問にだけ答える。

球場外での彼の私生活についてはほとんど知られておらず、大谷もそれを望んでいる。さらに、どんな交渉事でも情報量こそが貴重な資産となるため、周囲の関係者はありとあらゆる努力をして、彼のプライバシーを守っている。

プライバシーを重視する大谷の要望と、20年間にわたり選手の代理人としてメジャーリーグ各球団と交渉事を重ねてきたネズ・バレロの経験を考慮に入れると、大谷とバレロがFA関連の情報をいっさい出そうとしなかったのは驚くことではない。

交渉初期の段階で、〝チーム大谷〟は、交渉事に関するいかなる情報漏洩（リーク）も、チームに対して「不利に」働くと釘を刺した。

リークしたチームは、本当に検討対象から外されてしまうのか。あるいは、たんにリークを防ぐために一種の脅しをかけているだけなのか。

それでも、野球ファンは冬の間、ずっとどのチームがどの選手を獲得しようとしているのかという情報に飢えていた。野球レポーター一同は、業界での自らの地位を高め、さらなる読者からの支持を得るために競争し、少しでも多くの情報を開示しようとしていた。

レポーターたちはＳＮＳや記事で、たとえ、どこかのチームが誰々選手に「興味を示した」程度の些末なネタも含め、新しく仕入れた情報を公開した。

大谷のＦＡについて開示された情報量は、通常と比べて特別に少ないというわけでもなかったが、情報に対する飢えは明らかに大きかった。

そこにできた巨大な空間を埋めるのは、大谷はどこどこに行くだろうというメディアの推測だった。

大谷は、とにかく優勝を狙う以外に、チーム選びに関する条件をほとんど口にしていなかった。それ自体、そこまで大きな意味のある声明とはいえない。選手なら誰でも勝ちたいからだ。

ただ、大谷がこの〝勝利〟にどれほど重きを置いているのか、だ。

そのほかの条件、たとえば年俸もそうだし、チームの本拠地の場所もそうだし、取材規制をどれだけかけられるか、自身の試合出場の可否についてどれくらい自身で決められるのか、などの条件と比べて、どこまで勝利を重要視しているのかは誰にもわからなかった。

2017年のときは、つまり、ほぼ全球団が大谷をほしがっていた時期にわかっていたことは、最終候補として7球団まで絞り、うち5球団が西海岸にあったということだ。

さらに、ニューヨーク・ヤンキースのブライアン・キャッシュマンGMは、ヤンキースがこの最終候補に残っていないことを公表した際に、大谷は小規模市場のチームを望んでいると発言した。

つまり、大谷は毎日、メディアの注目を浴びて追いかけられるような場所を望んでいないということなのだろう。

エンゼルスでも、極力メディアと接することを避けようとする姿勢は一貫していたので、この推測も納得のいくものだった。

2023年、交渉は西海岸のチームから始まり、いくつかのトップフランチャイズ――成功と収益の部分でという意味だ――も交渉に臨んだ。

だが、1つひとつ、チームが絞られていき、さまざまな報道でその理由が明らかとなっていった。

一例として、サンディエゴ・パドレスは、大谷の移籍先として最有力候補に見えたのだが、シーズンの成績が振るわず、監督も解任となり、財政難もあって、大谷レベルの選手に投資できる余裕はなさそうだった。

シアトル・マリナーズも、いかにも大谷が選びそうなチームだったが、11月に「MLBネットワーク」が報じたところによると、獲得競争から脱落したという。理由ははっきりとしないが、大谷がそれほど興味を示さなかったのか、大谷につけられた値札が高すぎたということらしい。

また、大谷はニューヨーク・メッツにはまったく興味がない様子だった。オーナーのスティーブ・コーエンは業界一の大富豪なのだが、コーエンによると大谷の代理人は連絡すらよこさなかったという。

そんなこんなもあり、古巣のロサンゼルス・エンゼルスか、ロサンゼルス・ドジャース、サンフランシスコ・ジャイアンツのどれかが、大谷の新天地となりそうだった。

業界関係者の大半が、在籍期間中にチームが勝てなかったこともあり、エンゼルス残留の可能性は低いと見ていたが、私はそれでもエンゼルス残留の可能性は結構高いと見ていた。

私は大谷が今のエンゼルスの環境を快適と感じていることを知っていたし、このチームにいれば自身のキャリアや起用法も思いのままにできる。

エンゼルスは大谷にあらゆる自由と権限を与えていて――試合の起用法からケガの治療法、インタビューの頻度までとにかく何もかもだ――これほどの自由がほかのチームでも同じように与えられるとはとても思えない。

前述の西海岸3球団に加え、いくつかの報道で、大谷はシカゴ・カブスとトロント・ブルージェイズも考えていると伝えられた。

そのなかで、とくに現実味を帯びていると思われたのが、ブルージェイズだった。大谷のブルージェイズ行きが真剣に語られるようになったのは、ウィンターミーティング前後の出来事がきっかけだった。

とある1機のプライベートジェットの飛行計画から妄想が膨らみ、忘れることのできない丸一日がかりの狂騒曲となったのである。

移籍狂騒曲、ここに極まれり

ウィンターミーティングは、だいたい12月初旬に開催される。

このミーティングには、野球界の関係者全員が１つの会議場に集まるといっても過言ではない。

チーム経営陣と代理人と数百人の報道関係者が、会場全体と宿泊ホテルを行き交う。大部分の公式行事は、たとえば治療テクニックをトレーナー同士で情報交換する勉強会とか、クラブハウスのマネージャーが最新の機器を見学するとか、広報担当者がインタビューの傾向と対策を学ぶといったものだ。

だが、ファンと報道関係者にすれば、ウィンターミーティングでいちばん面白いのは、チームと代理人が選手の移籍について話し合う非公式会談である。

ベースボールオペレーションプレジデントはだいたい3日間のイベント中、毎日、一度はチームの番記者との質疑に応じる。そして各球団の監督も、最初の2日間はメディアとの会見に出席する。

ロス・アトキンスは、トロント・ブルージェイズのＧＭだが、もともとミーティング初日にトロントの記者団との面談が予定されていた。

場所はゲイロード・オープリーランド・リゾートか、テネシー州ナッシュビルのコンベンションセンターかのどちらかになるはずだった。

ところが、この直接面談の代わりに行われたのは、アトキンスとのビデオ通話で、しかも、背景が真っ白な壁なので、彼がどこにいるのか見当すらつかないという事態となった。

アトキンスは、今自分がどこにいるのか、そして、なぜこのミーティングが開催されているナッシュビルに来ていないのかという質問への回答を拒否したので、さらなる憶測をかきたてることになった。

彼が唯一回答したのは、「スケジュールが重なったため」だった。さらに加えて、ブルージェイズのジョン・シュナイダー監督が、本来ならミーティング初日にメディア対応をするはずだったのだが、なぜかこれが2日目に延期された。

この2人の不在が重なったことにより、どうも2人は大谷と面談していたのではないかという憶測が広まったのだ。

その日の夜、野球記者のケン・ローゼンタールが、大谷はブルージェイズのスプリングトレーニング施設のあるフロリダ州ダニーデンにいた、とスッパ抜いた。

アトキンスとシュナイダーの2人は、そろって2日目にナッシュビル入りしたが、フロリダで大谷と会ったことは断固として認めなかった。2人は自分たちがどこにいたのかヒントも示すことはなかったが、広まるばかりの憶測には驚かされている様子だった。アトキンスはこう語った。

「みなさんの話を聞くと、私は4カ所に同時に滞在していたみたいで、思わず笑ってしまうよ。いちばんすごかったのは、ほかのGMたちから受け取ったテキストメッセージだよ。みんな、ありもしないことを妄想し、推測しているね」

シュナイダーも取材対応する時間の大部分を、質問をかわすことに費やし、いつの間にか彼の日焼けした顔こそが、太陽がきらめくフロリダにいた証拠だということになってしまった。

「フロリダにいたのは確かだ。だって、毎年、冬はフロリダの自宅で過ごすのだから」と彼は答えた。

その日も遅くになってから、今度は、ロサンゼルス・ドジャースのデーブ・ロバーツ監督が記者団の前に立った。

驚くべきことに、ロバーツ監督はウィンターミーティングの数日前に、ドジャースと大谷の面談があったことをあっさりと認めてしまった。

ロバーツは、面談は順調だった、そして長年にわたるドジャースの獲得に対する強い意志を見せることができた、と語った。

「間違いなく、ショウヘイ獲得はわれわれの最優先事項だ」

ロバーツは断言した。なぜ、ほかの球団は大谷との接触をかたくなに認めないのに、あなただけは公然と認めるのかと問われ、たんにウソをつくのが気まずいからだ、と答えた。

「私にとって、的を射た質問が飛んできたときに、わざとウソをつくのは性に合わないんだ。だから、正直に答えたからといって、ショウヘイの関係者にも、われわれのサイドにもべつに悪いことをしたとは思わない。詳細はこれから出てくることになるだろうが、それは当然のことだと思う。とにかく彼の獲得こそが、われわれにとって最優先なのは間違いない」

この会見後、どうもロバーツ監督はドジャースの広報担当者から呼び出されたようだ。ロバーツの上司としては、あのようなかたちで大谷との会談を公にされるのは嬉しくなかったのだろう。

ベースボールオペレーションプレジデントのアンドリュー・フリードマンも、この翌日に、ロバーツの告白に「驚かされた」と認めたが、その日の夜に、2人は、「友好的な会話」を交わしたという。フリードマンは、ロバーツが譴責(けんせき)処分になるかどうかについては口にしなかった。

ロバーツ監督が大谷とドジャースが面談したことを認めた一方で、複数の媒体が大谷とブルージェイズの会談があったことを報じた。

その1週間後には発覚するのだが、あの時点においては、サンフランシスコでジャイアンツとも面談をしていたものの、それが報じられることはなかった。

エンゼルスも当然、最後に大谷側と連絡をとっていたのだが、それをネズ・バレロ代理人が明かしたのは1週間後だった。

見るところ、これですべての登場人物がそろったようだった。

2人の著名な野球ライター、「MLBネットワーク」のジョン・ポール・モロシと「ESPN」のジェフ・パッサンが12月7日に、大谷の最終決断は今週末にも下されると報じた。

その日の夜遅く、ＪＢとだけ名乗るカナダ人政治記者が、夜更かしをしていた。新型コロナウイルスに感染して眠れなかったのだ。ＪＢは、ブルージェイズのファンでフライトトラッキングが趣味だと自己紹介している。最近は、さまざまなアプリやウェブサイトで、誰でも飛行中の旅客機や、ここ数日のうちに飛行予定のあるフライトを追うことができるようになっているのだ。

そんなとき、ＪＢはたまたま、翌朝、カリフォルニア州サンタアナのジョン・ウェイン空港からトロントのピアソン空港行きのプライベートジェットが１機あることに気づいた。

ジョン・ウェイン空港は、アナハイムとニューポートビーチの最寄り空港で、しかも、大谷がシーズン中に暮らす地域である。サンタアナとトロント間に定期便はない、とＪＢは指摘した。

大谷がブルージェイズと何らかのかたちで接触しているらしいといういくつかの事実と、最終決断は近いらしいという報道が重なり、大谷がブルージェイズ入団を最終決断したという根強い状況証拠に見えた。ＪＢがフライト情報をＳＮＳにのせると、話は一気に広まり、数時間のうちに１００万人以上の人が彼の投稿を見た。

この騒ぎをさらに大きくしたのは、誰かがトロントのスポーツラジオ局にテキストでタレ込んだ、大谷の故郷の先輩で大谷のことを10代のころからよく知るブルージェイズの菊池雄星投手が、トロントにある寿司店を店ごと借り切ったという情報だった。ラジオ司会者は、この噂を信じる理由はないと明言したが、この話はカナダ人オペラ歌手のクラレンス・フレイザーがSNSに投稿したことで一気に広まった。フレイザーと寿司店、あるいは菊池なり大谷なりとは何の接点もないのだが、それでもこのつぶやきにより噂の炎は一気に大きくなった。

この予定されたフライトと寿司店貸し切りの話のはざまで、すぐさま全世界の野球ファンはフライトトラッカーに飛びつき、ID番号N616RHの3時間43分にわたる大陸横断飛行を追いかけた。

飛行機離陸のちょうど1時間後、J・P・ホーンストラ——経験豊富なロサンゼルスを拠点とする野球ライターで、ちょうど「ドジャース・ネイション」というサイトで仕事を始めたばかりだった——が、「オオタニはトロント・ブルージェイズと契約する」として、「公式発表は早ければ今夜」という詳細な記事を出した。

それから20分もしないうちに、何人かの全米のレポーターたちがホーンストラの情報と矛盾する情報を流し始めた。

「オオタニはまだ決めていない」とSNSに書き込んだのだ。私自身、ある情報源からまだ何の契約も交わされていないという情報が入ったので、SNSにあげた。

それでも、ブルージェイズのファンは、まだ希望を抱いていた。とくに、モロシが「オオタニは本日、トロントに向かっている」とSNSにアップしたからだ。

モロシのレポートがあがったころ、N616RHはちょうどカナダの領空に入ったところで、トロントに着陸するまであと20分というところだった。

何人かのファンが、頭上を飛ぶジェット機の動画をあげた。ソーシャルメディアには、《あれが、オオタニが乗っている飛行機にちがいない》と興奮気味に書かれていた。

この長さ40フィート（約12メートル）で、最大16名の乗客と3名のクルーが搭乗可能な飛行機がトロントへ着陸したとき、すでに数多くのファンと報道関係者が空港で待ち構えていた。

扉が開いた瞬間に誰が出てくるのか、一同は固唾（かたず）をのんで待ち構えていた。だが、最初に、カナダの入国管理官が飛行機に乗り込んだ。

「彼はどこだ？」

一同は色めきたった。

「誰の話だ？」

困惑するロバート・ハージャベックが、5歳の双子を連れて現れた。

ハージャベックは61歳のカナダ人ビジネスマンで、ソフトウェア事業で巨大な資産を築いた男だった。

人気テレビ番組「シャークタンク」に出演して、一躍著名人の仲間入りをした。この番組では、起業家たちは自らのアイデアを目の前に並ぶ裕福な投資家たち――ビジネス界で〝ジャーク（サメ）〟と呼ばれる人たちだ――に売り込み、資金援助を求める。

ハージャベックは家族とオーストラリアを訪れており、2人の子どもを連れてカナダに帰国するところだった。機上では、まだ幼い子どもたちをあやすのに手いっぱいで、ハージャベックは飛行中ずっと携帯電話を切っていた。したがって全世界の野球ファンが、大谷が乗っているにちがいないと思いこみ、このフライトを追いかけているなど夢にも思っていなかった。

ハージャベックが機内から姿を現した瞬間に、ブルージェイズファンの希望は音もなく消えてしまった。

世界を驚かせた契約条件

野球記者一同は、大谷が南カリフォルニアからまったく離れていなかったというニュースを配信し始めた。

大谷のチームメイトも、全米野球記者のバスター・オルニーに対して、「この話は最初から怪しいと思っていた、なぜなら、長時間眠り、起きるのも遅い大谷が、朝9時に出発するような飛行機を選ぶはずがないからだ」と指摘した。

その日の晩、モロシは不正確な報道をしてしまったことにより、謝罪声明を出した。数日後には、ホーンストラも同じく謝罪した。

この騒動により、一種の陰謀論がささやかれるようになった。ハージャベックが、大谷と同じクリエイティブ・アーティスツ・エージェンシー（CAA）に所属しているからだ。

CAAはハージャベックのトロント行きフライトを利用して、ドジャースにもっと高額と好条件を出させようと揺さぶりをかけたのか。ハージャベックは、

「そういった話にはいっさい真実がない」

と断言した。ＣＡＡは全世界に展開する企業で、数千人の従業員が所属して、スポーツ界とエンターテインメント界の数千人のクライアントを抱えている。

あの日の大騒ぎにより、野球界がどれほど大谷のＦＡに注目し、そして振り回されているかが、あらためて浮き彫りとなった。

「フォックス・スポーツ」のジェイク・ミンツ記者は、あの忘れられない1日を次のように総括した。

「1日で怒り狂い、夢中になり、奇妙な展開になり、爆笑もので、かつ悲しさと感動を一気に味わった特別な日だったよ」

アンドリュー・フリードマンは、ドジャースの野球部門最高責任者だが、大谷がトロントに向かっていると報じられた狂騒の金曜午後は、ジェットコースターに乗ったときのような激しい感情の揺れを感じたと率直に告白した。

翌12月9日に、彼は息子のサッカーの試合に顔を出していた。フリードマンは複数の任務を同時にこなしており、ウェブ会議でドジャースが獲得を目指していた別の選手との契約交渉に臨んでいた。

彼は大谷の代理人ネズ・バレロからの電話をとるためウェブ会議をいったん中座し

た。フリードマンがのちに語ったところによると、そのときのバレロが発した正確な言葉はもう思い出せないが、とにかく要点は素早く伝えられた。大谷はドジャースを選んだということだ。しばらくして、この決断は大谷のSNSで公表された。

こうして、数週間にわたる〝サスペンス〟は不意に終わった。

「野球界に関わっているすべての方々とファンの皆様、決断に至るまで長い時間がかかったことをお詫び申し上げます。私は次のチームとしてドジャースを選びました」

大谷が投稿したポストには、そんなメッセージと合わせて、ドジャーブルーのロゴも貼られていた。

そして、6年間支えてくれたエンゼルスとそのファンに感謝の言葉を述べ、今後の残りの野球人生のすべてを、ドジャースおよび野球界の発展のために捧げる、と誓いの言葉を続けた。

彼の最終目的地自体はそれほど驚きではなかったものの――つい1日前には全世界が大いなる誤解をしていたが――大谷の新契約に関してもっとも驚かされる事実が、SNSでの発表から間もなくして出された。

バレロが公式声明で、今回の契約は、「10年で7億ドル（約1015億円）」と明らかにしたのだ。

これは、これまでの記録を40％近く大幅に上回る金額だった。

具体的には、マイク・トラウトの12年4億2650万ドル（約618億4250万円）の契約だ。合計金額でいうと、スポーツ選手史上最高額であり、4年6億7400万ドル（977億3000万円）の契約を結んだサッカー選手のリオネル・メッシをはるかに上回ったことになる。

NFLのカンザスシティ・チーフスのスター選手で、クオーターバックを務めるパトリック・マホームズの契約は10年4億5000万ドル（約652億5000万円）だった。

しかし、本当に驚かされたのはここからだった。大谷の契約には「前例がない」後払い条項があるという話が一気に広まった。つまり、大谷は契約期間中は年俸の大部分を受け取ることがなく、かわりに契約終了後に全額が支払われるというのだ。

右腕投手のマックス・シャーザーが2015年に交わした7年2億1000万ドル（約304億5000万円）の契約で、半分をのちに受け取るという条項が入っていたのだが、これが野球史上で最大の後払い条項だった。

大谷がいくらを後払い分にまわしたのかは誰も知らなかったが、2日後になんと年俸の97％を後払いにまわすことに大谷が合意していたことが判明し、大きな衝撃をもたらした。

つまり、今後10年間は毎年わずか200万ドル（約2億9000万円）だけを受け取り、残りの6億8000万ドル（約986億円）は10年後から毎年払われるようになる、しかも、無利子だというのだ。

この無利子、後払いにより、MLBは現時点での大谷の市場価格を10年間で約4億6000万ドル（約667億円）と見積もった。仮にそれで後払いがなかったとしても、大谷がこの金額を受け取れば、史上最高額の選手になることはかわりがない。

後払いの発想は、大谷自身から発案されたものだという。ドジャースには彼を獲得したあとも、さらに補強できるだけの資金を残しておきたかったからだという。

彼はこの枠組みを、最終候補に残ったすべての球団に対して提案していたという。ジャイアンツとブルージェイズはこの案に乗り気だったが、エンゼルスは、そうではなかったようだ。

フリードマンも、この後払い案が大谷側から出されたものであることを認めた。

「私にはそんなことを提案できる勇気なんかないよ。ネズが提案してきて詳細を詰めていったが、交渉の間ずっと、この考え方は一貫していたよ」

ほかの選手だと考えにくい契約だが、ある意味、大谷にとっては十分にありえるやり方といえた。

1つ目に、大谷は宣伝広告出演で巨額のお金を稼いでいる——一部の推計によると、年間5000万ドル（約72億5000万円）に達するともいう——から、彼は選手としての年俸でそれほど大金を受け取る必要がない。

2つ目に、彼は企業スポンサー契約と、グッズの売り上げや入場券の売り上げでチームに多大な収益をもたらしているので、チームは彼にその売り上げを還元することができるし、しかも、支払いを伸ばせるのだからなおさらだ。

この後払いのニュースには、スポーツ界全体からドジャースとMLB機構に対する批判の声があがった。

ぜいたく税を導入した意味がなくなってしまうのではないか、ということだ。

あるメジャー球団の役員は匿名で、「ジ・アスレチック」の取材に答え、この契約は「ジョークだ」と言い放った。もう1人のある代理人も匿名で同取材に答え、これは大谷にとって「悪い取引き」だと指摘した。

このやり方だとドジャースの支払いを助けるだけで、それは本来、オーナーがやるべきことではないかというのだ。一方で、彼は、せっかくフランチャイズの価値を高めたのに、そのぶんの分け前をオーナーと公平に分かち合えていないと主張する。

その一方で、この契約で大谷はそれほど大きな犠牲を払っていないと語る者もいた。何といっても彼は、二度目の肘の手術を受けた直後で、投手としての今後は未知数なわけで、多くの人は、もともと予測されていた5億とか6億を超えることがない4億6000万ドル（約667億円）という金額は、妥当であると論じたのだ。

「1つ事実として間違いないのは、彼が現時点では投げられないということだ」

匿名のメジャーリーグ幹部が、「ジ・アスレチック」の取材に対し、そう語っている。

「私がありえる設定として考えていたのは、彼が投げる場合にインセンティブがつくという契約だった。だが、投手として登板しないのに、直ちに5億7500万ドル（約833億7500万円）とか6億ドル（870億円）を受け取れるとなると、さすがに納得がいかないと思っていた」

もう1人の幹部は、こう語った。

「4億6000万ドル（667億円）が、だいたい納得のいく予想どおりの金額ということだ。私が思うに、衝撃的な効果を狙ってあの大きな数字〝7億ドル（約1015億円）〟を出したのだろう。だが、今回の契約を後払いも含めて冷静に計算してみると、非常に納得のいく数字に収まっていると思う」

世界一への飛躍を目指して新天地へ

ドジャースタジアムのすぐ外で開かれた記者会見で、ついに大谷翔平は新天地でのユニフォーム姿を披露した。全世界から集まった約300人の報道関係者とテレビ視聴者の前である。

そこで、ドジャースを選んだのには、「多くの理由がある」と彼は語った。そのうちの1つは、オーナーのマーク・ウォルターと野球部門最高責任者のアンドリュー・フリードマンの存在だったという。

この2人に対する何よりの信頼の証が、もし2人のどちらかが組織を離れたら契約を大谷側から破棄できるというオプトアウト条項だ。俗に「キーマン条項」と呼ばれるもので、前例がないわけではないが、非常に稀なのも事実だ。

ウォルターとフリードマンは、大谷獲得のために大変な労力を投じていた。そのなかに、伝説のバスケットボール選手で、ロサンゼルス・レイカーズのスーパースターだったコービー・ブライアントが、2020年にヘリコプター事故で亡くなる前に残した動画メッセージがあった。もともとは、2017年の時点で大谷を獲得するためにドジャースが用意していたものだった、と「ESPN」は報じている。

ドジャースはこの動画を保存していて、少し笑いも込められたブライアントのメッセージを2023年の大谷に見せた。ビデオのなかで、ブライアントは、勝つためにはロサンゼルス以上に勝ちやすい場所はなく、ドジャース以上に勝ちを目指しやすい野球チームはないと熱く語っていた。

「あれこそミーティング全過程のなかで、ハイライトともいえる場面でしたね」

大谷は「ESPN」にそう語った。

「僕もあの映像を見て驚かされました。強烈で心にふれるメッセージでしたよ」

このメッセージが大谷の琴線にふれたのは、彼の最優先事項がまさに〝勝つ〟ことだからだ。

「僕があと何年、現役選手でいられるかはわかりませんが、だからこそ勝つことを最優先にしているのです。そこが僕のなかで最優先事項で、そこは今後も変わらないので、それがこのチームを僕が選んだ理由の1つです」

エンゼルスとは正反対にというべきか、ドジャースは11年連続でプレーオフ進出を果たしており、地区優勝10回を達成している。

2023年には、ドジャースは100勝を達成し、メジャーで2番目の勝利数を誇っている。だが、この11年でワールドシリーズ制覇は1回だけだ。2022年と2023年、ドジャースはプレーオフの第1ラウンドで、どう見ても格下の相手に負けてしまった。

2020年、新型コロナウイルスのパンデミックにより短縮されたシーズンでは、やっと悲願のワールドシリーズ制覇を果たしたが、2017年と2018年にはワールドシリーズで敗れている。チームはせっかくレギュラーシーズンで圧倒的な強さを見せても、その強さをポストシーズンの勝利につなげることができていない。

この点を、ドジャース経営陣は大谷に対して「失敗」と語ったという。ドジャースはまだ満足していない、という点が大谷の心に響いた。大谷はこう語った。

「マーク・ウォルターさんも含めて、ドジャースが経験してきたこの10年間を、彼らはまったく成功だと思っていないとおっしゃっていたので、それだけ勝ちたいという意志が強いんだなというのは心に残ったかなと思います」

ドジャースは、２０２０年のワールドシリーズ制覇まで30年以上の時がかかった。これはメジャーリーグ屈指の名門球団としては、決して喜ばしくない、長すぎる不毛の期間である。

球団は、もともとニューヨーク市の一部、ブルックリンで始まった。

創設は１８８３年で、最初のプロチームが試合をしてからわずか15年後のことだった。初期のころはさまざまな名称で知られていたが、最終的には、１９１１年にドジャースとして定着した。

これは「トローリー・ドジャース」、つまり、19世紀末にブルックリン全体に張り巡らされた「路面電車を避ける人」の略称だ。

ブルックリン・ドジャースは、20世紀前半には近所のニューヨーク・ヤンキース、およびニューヨーク・ジャイアンツの陰に隠れ、著しい苦戦が続いた。

ドジャースがやっと強くなり始めたのは、1940年代にブランチ・リッキーが社長となってからのことだった。彼は野球界に名を残す伝説的経営者の1人で、最大の功績としては、1947年に初の黒人選手となるジャッキー・ロビンソンとメジャー契約したことがあげられる。また、リッキーはマイナーリーグの組織強化にも大きく寄与した。

ブルックリン・ドジャースは1955年、ついに、ヤンキースを下して初のワールドシリーズ優勝を果たした。そして、これがブルックリンでの絶頂期だったが、間もなく市と新球場に関する合意に至ることができず、本拠地に別れを告げることになる。1958年に、ドジャースはロサンゼルスに移った。ニューヨーク・ジャイアンツもあとを追うかのように、サンフランシスコへ移転した。

これにより、メジャーリーグが東海岸から西海岸まで初めて広がったことになる。そして、新しい西海岸の本拠地で、ドジャースは大きく花開く。

勝利の実績と観客動員数の両方で、大きな成功を収めた。ドジャースタジアムは、ロサンゼルスのダウンタウン近くの丘にあるが、メジャーリーグ球場のなかでもっとも見栄えがよいスタジアムとされている。

ドジャースは、ロサンゼルスでの最初の30年間に9回のワールドシリーズ出場を果たし、5回優勝した。

1988年のワールドシリーズでは第1戦に、カーク・ギブソンが決勝本塁打を放った。これは、メジャーリーグ史上もっとも有名なホームランのうちの1本である。

1995年に、右腕投手の野茂英雄が日本を離れてドジャースと契約し、その後、日本人選手がメジャーに渡る道を切り開いた。

野茂マニアがロサンゼルス全体を席捲し、ドジャースのファンは本塁に背中を向けてから投球する独特のフォームに熱狂した。

数十人の日本人記者が野茂とドジャースを追い、その後、日本人選手がアメリカで活躍したときの取材パターンをつくり出した。イチロー（鈴木一朗）、松井秀喜、黒田博樹、田中将大（まさひろ）、ダルビッシュ有……そして、大谷翔平といった日本人スター選手を追いかけて報道するときの作法となったのである。

大谷が2023年に自らチームを選ぶ機会を手にしたとき、多くの人が強豪名門球団、たとえばヤンキース、レッドソックス、ドジャースといった球団を選ぶことを期待していた。

この9カ月前、大谷は日本代表をＷＢＣで優勝に導いた。マイク・トラウトを三振に斬って取り優勝を確定させたときには、グラブを中空に投げ、雄たけびを上げた。あの優勝の瞬間は、人生で最高の瞬間だと彼は述懐した。だから、大谷が新しい球団で「世界一」のあの感動を、もう一度と願うのは当然のことだろう。

「当然ながら、僕は優勝したいです」

大谷はドジャースタジアムでの記者会見で明言した。

「あの優勝したときの決勝戦を思い出すと、みなさんには僕が主力選手だったと記憶してほしいと思います。僕は大きな役割を果たしたと思っています。優勝チームの中心選手でした」

メジャーリーグで最終的に優勝するのは、並大抵のことではない。

それは、ドジャースの近年の10月における「失敗」が何よりの証拠だ。

大谷は、このチームに加わることにより、待ち構えている難問がいかなるものかをよくわかっているように見えた。そして、こう語った。

「僕はもっと挑戦したい。僕はこのドジャースでさらに新しくて大きな難題に直面するでしょうし、直面したいです。僕はもう覚悟しています」

訳者あとがき

2023年夏、本書の打ち合わせのため、著者のジェフ・フレッチャー氏らとZoom会議が行われた。その際、同氏は「大谷選手のエンゼルス残留の可能性は約30%」と語っていた。それに対して私は、「10%以下だね」と答えた。

なぜ、私がそう考えたかをここで説明しておきたい。前回作が発売されたのが2022年7月だった。そして11月にフレッチャー氏が来日し、数日間のプロモーションを行った。

その際、私は通訳として全てのトークショーやインタビューに同席したが、当然、すき間時間がある。そこで表にできる話、できない話をいろいろと交わした。表にできるやりとりを1つだけ紹介する。

「ジェフはエンゼルスのロッカールームに入って、当然、ショウヘイの裸を見たことがあるんだろ？　アスリートの肉体として、どこがいちばんすごいと思う？」

ジェフはこう即答した。

「肩回りだな」

とくに、肩の後ろから広背筋あたりの盛り上がりが、メジャーリーガーのなかでも図抜けているというのだ。

本題の「10％以下」に話を戻すが、フレッチャー氏は、ちょうど来日時に「オレンジ・カウンティ・レジスター」でFarm Failuresという三回連載記事を発表した。本人曰く「この3本の記事のために、本1冊分の労力を注いだ」とのことだが、エンゼルスがなぜ勝てないかを、下部組織のモラルハザード、機能不全から検証した力作であった。来日時の取材で自身も明言していたが、

「私はスポーツライターではない。だから、野球以外は書かない。私はベースボールライターでもない。だから、ほかのチームも書かない。私はエンゼルスだけを取材し、書く記者だ」

ということで、数十人にのぼるありとあらゆるエンゼルス関係者の貴重な匿名証言を集めていた。1つ確かなことは、そういった下部組織のメンバーに給料を払っているのはオーナーであり、その判断をしているのはGMということだ。だから、率直にいって私は、エンゼルスのオーナーがチーム売却を発表したときには素直に喜んだ。

必ず買い手はいるだろうし、これで勝てる組織に変貌するかもしれないからだ。

ところが、大間違いだった。オーナーとGMは居座った。そして、GMは大間違いな補強を繰り返した。これでは勝てるはずがない。

本書は大谷翔平の躍進を記録する書籍であるとともに、ダメ組織がなぜダメなのかを明かす「アメリカプロスポーツ球団版解体新書」でもあるのだ。

今回の契約で金額と異例の支払い時期が取り沙汰されるのは当然だが、私にいわせればもっと重要な条項が含まれている。

〈マーク・ウォルターまたはアンドリュー・フリードマンが球団を去った場合、大谷側から契約を破棄できる〉という一項だ。マーク・ウォルター氏は筆頭オーナーだが、ここではフリードマン氏が何者かということを説明しておきたい。

彼は大学時代まで野球をしていたが、プロ選手の経験はない。卒業後、ウォールストリートで仕事をしていたが、2005年からタンパベイ・レイズのフロントに加わった。そして、球団創設後約10年間、アメリカン・リーグ東地区最下位が定位置だったレイズを、2008年に球団史上初のワールドシリーズ進出に導いた。その際、二塁手として加わっていたのが岩村明憲選手だ。そして監督は、あのジョー・マドンだった。「ダメ組織をワールドシリーズに導いた」彼の実績と手法は、Jonah Keri著『The Extra 2%』に詳述されている。

フリードマン氏が「一発屋」ではない何よりの証拠がある。レイズはその後も、2010年、2011年、2013年にプレーオフ進出を果たしているということだ。そして、2014年にドジャース移籍後も、ほぼ毎年プレーオフ進出を果たし、2020年ワールドシリーズ優勝も達成した。

この条項は、ドジャースがいかに組織を維持し、世界一に輝いたのかはTim Neverett著『COVID Curveball』に詳しい。

さらに、デーブ・ロバーツ監督の経験も、組織への影響は大きいだろう。かつて、ベーブ・ルースをヤンキースに格安で放出してしまった、「バンビーノの呪い」か、ボストン・レッドソックスは80年以上ワールドシリーズ制覇を果たしていなかった。そんなレッドソックスにドジャースから2004年シーズン途中に加入し、プレーオフ3連敗4連勝の立役者となる盗塁を決めたのが、デーブ・ロバーツその人だった。

そして、2020年には監督としてもワールドシリーズを果たした。自身に球団選択の自由が与えられたとき、「勝つ見込みがまったくない球団」から「勝ち方を知り、ないか。
実際に勝ったことがあり、今後さらに勝つ気が満々の球団」に移るのは当たり前では
勝負は勝つことがすべてだ。私自身も、『モウリーニョのリーダー論』（ルイス・ローレンス著、実業之日本社）をレアル・マドリードのリーガ優勝直後に刊行したら、すぐ増刷となった。『ジョコビッチの生まれ変わる食事』（ノバク・ジョコビッチ著、三五館）は、彼が優勝するたびに売れ続けたが、全仏オープン準優勝のときはさっぱりだった。

勝てば売れる。勝てば勢いがつく。勝てば説得力が増す。勝てば絆が生まれる。
かつて、野茂英雄さんは、社会人時代に所属していた新日鉄堺の、バレーボール部の選手から「優勝っていいものだぞ。誰彼かまわず、ウマが合わないヤツとだって抱きしめ合えるんだ」と教わったそうだ。
だからこそ、大谷翔平にはドジャースで勝ってほしい。ワールドシリーズ制覇を果たし、関係者、日本国民全員が抱きしめ合えることを心から願っている。

タカ大丸

2018-2023 投手成績

年	2018	2019	2020	2021	2022	2023	通算
試合	10	-	2	23	28	23	86
先発	10	-	2	23	28	23	86
投球回	51.2	-	1.2	130.1	166.0	132.0	481.2
勝	4	-	0	9	15	10	38
敗	2	-	1	2	9	5	19
完投	0	-	0	0	0	1	1
完封	0	-	0	0	0	1	1
勝率	.667	-	.000	.818	.625	.667	.667
被安打	38	-	3	98	124	85	348
被本塁打	6	-	0	15	14	18	53
奪三振	63	-	3	156	219	167	608
与四球	22	-	8	44	44	55	173
与死球	1	-	0	10	2	11	24
失点	19	-	7	48	45	50	169
自責	19	-	7	46	43	46	161
被打率	.203	-	.375	.207	.203	.184	.200
QS率	50.0	-	00.0	60.9	57.1	52.2	44.0
WHIP	1.16	-	6.60	1.09	1.01	1.06	1.08

※MLB公式HP参照。QS（クオリティスタート）率は少数第2位を四捨五入。2019年は登板なし
※QS率とは、先発投手が6回以上を自責点3以内に抑えた場合に記録される指標「QS」の割合のことをいい、先発投手の最低限の責任の目安を示す
※WHIPとは、1イニングにどれくらいのランナーを出したのかを示す

2018-2023 打者成績

年	2018	2019	2020	2021	2022	2023	通算
試合	114	106	46	158	157	135	716
打席	367	425	175	639	666	599	2871
打数	326	384	153	537	586	497	2483
得点	59	51	23	103	90	102	428
安打	93	110	29	138	160	151	681
二塁打	21	20	6	26	30	26	129
三塁打	2	5	0	8	6	8	29
本塁打	22	18	7	46	34	44	171
打点	61	62	24	100	95	95	437
四球	37	33	22	96	72	91	351
死球	2	2	0	4	5	3	16
三振	102	110	50	189	161	143	755
盗塁	10	12	7	26	11	20	86
打率	.285	.286	.190	.257	.273	.304	.274
出塁率	.361	.343	.291	.372	.356	.412	.366
長打率	.564	.505	.366	.592	.519	.654	.556
OPS	.925	.848	.657	.964	.875	1.066	.922

※MLB公式HP参照
※OPSとは、出塁率と長打率を合わせた数値で、得点への貢献度を示す

Jeff Fletcher（ジェフ・フレッチャー）
1969年生まれ。カリフォルニア州ロサンゼルス在住。エンゼルス番として12年目を迎えたオレンジ・カウンティ・レジスター紙の記者。メジャー取材歴26年で、米野球殿堂入りを決める投票資格も持つ。2013年よりエンゼルスを担当し、大谷の取材に関してはMLBルーキーイヤーから6年間にわたって密着取材。日数に換算すれば、実に2200日となる。アメリカでもっとも大谷選手を取材している記者として、何度も日本のテレビ番組に出演。日本語版のXのフォロワー数は3.7万人。YouTubeチャンネル「Sho-Time Talk」の登録者数も1.45万人。2015年からはアメリカ野球作家協会のロサンゼルス支部長を務めている。

タカ大丸（たか・だいまる）
1979年、福岡県生まれ、岡山県育ち。ポリグロット（多言語話者）、作家、翻訳者。おもな著書に『貧困脱出マニュアル』（飛鳥新社）、共著に『史上初の詰飛車問題集』（主婦の友社）、英語の訳書に『ジョコビッチの生まれ変わる食事 新装版』『クリスティアーノ・ロナウドの「心と体をどう磨く？」新装版』（ともに扶桑社）、『愛の自転車 インドからスウェーデンまで最愛の人を追いかけた真実の物語』（徳間書店）、スペイン語の訳書に『モウリーニョのリーダー論 世界最強チームの束ね方』（実業之日本社）、『ロジャー・フェデラー なぜ頂点に君臨し続けられるのか』（KADOKAWA）など多数。

装　丁　井上新八
図版デザイン　grassroad
写　真　アフロ　ゲッティイメージズ
校　正　青山純子　月岡廣吉郎　安部千鶴子（美笑企画）
組　版　キャップス
編　集　苅部達矢

SHO-TIME 2.0　大谷翔平　世界一への挑戦

第1刷　2024年2月29日

著者　ジェフ・フレッチャー
訳者　タカ大丸
発行者　小宮英行
発行所　株式会社徳間書店
〒141-8202　東京都品川区上大崎3-1-1
目黒セントラルスクエア
電話　編集（03）5403-4344／販売（049）293-5521
振替　00140-0-44392
印刷・製本　大日本印刷株式会社

ISBN978-4-19-865785-7